이강국의 경제 EXIT [엑시트]

이강국의 경제 EXIT

초판 1쇄 발행 2023년 10월 20일

지은이 이강국

펴낸이 김현태
펴낸곳 책세상
등록 1975년 5월 21일 제2017-000226호
주소 서울시 마포구 잔다리로 62-1, 3층(04031)
전화 02-704-1251
팩스 02-719-1258
이메일 editor@chaeksesang.com
광고·제휴 문의 creator@chaeksesang.com
홈페이지 chaeksesang.com
페이스북 /chaeksesang 트위터 @chaeksesang
인스타그램 @chaeksesang 네이버포스트 bkworldpub

ISBN 979-11-7131-039-5 03320

이강국의 경제 EXIT[엑시트]

길을 잃은 한국경제, 긴축과 불평등의 출구를 찾아라

이강국 지음

책세상

프롤로그

얼마 전 보도에 따르면, 실업급여를 타는 여성이 명품백을 사고 해외 여행을 갔다며 정부와 여당이 실업급여의 하한액을 낮추는 방안에 관해 논의했다고 합니다. 실제로 2024년 최저임금은 겨우 2.5퍼센트 인상되었습니다. 정부 관료나 정치인 누구도 실업급여나 최저임금을 받아본 적이 없기에, 그들은 가난한 노동자들의 삶을 알지 못할 것입니다. 게다가 윤석열 정부는 노동자를 억압하고 사회안전망을 약화하기 위해 노력하고 있는 것 같습니다. 또한 긴축재정을 한다며 부자와 기업의 세금을 깎아서 재정적자는 더욱 커질 전망입니다.

글로벌 금융위기와 코로나19 팬데믹을 겪으며 세계경제가 얻은 교훈은 '긴축과 불평등이 경제에 악영향을 끼친다'는 것입니다. 다른 국가의 정부는 힘겨워진 시민들의 삶을 떠받치기 위해 대규모로 재정을 지출하고, 소득불평등을 개선하기 위해 노력하고 있습니다. 그런데 지금 한국경제는 정반대 방향으로 가는 듯합니다. 윤석열 정부의 정책은 자유로운 시장이 모든 것을 해결하고 상류층과 기업이 먼저 부자가 되면 혜택이 아래로 흘러내릴 것이라는 보수적인 생각에 기초한 것입니다. 그러나 이는 40년 전에 유행하던 낡은 생각으로, 재정확장과 산업정책 그리고 약자 보호 등 정부의 적극적인 역할을 강조하는 세계적인 변화와는 반대되는 것입니다.

미중갈등과 세계경제의 불안으로 경제성장이 둔화되고 빈부격차는 더 커질 가능성이 높은데, 거시경제를 관리하고 소득을 재분배하고 지혜로운 경제외교를 펼쳐야 할 정부의 역할은 찾아보기 어렵습니다. 삶과 미래가 불안해 청년들이 결혼도 출산도 하지 않아 인구 감소 충격이 현실로 나타나는 마당에 정부가 사람을 귀중하게 여기는 정책을 펴고 있는지 의문스럽습니다. 게다가 기후위기는 심각해지는데 탄소배출 감축을 위한 노력은 더욱 줄어들어, 여전히 한국은 '기후악당국가'라는 오명을 벗지 못하고 있습니다. 과연 한국경제는 길을 잃은 채 어두운 미래가 기다리는 긴축과 불평등의 미로에 갇혀버린 것일까요.

이제 미로의 출구와 한국경제의 새로운 길을 찾아야 할 때입니다. 《이강국의 경제 EXIT》가 그 길을 모색하는 데 도움이 되기를 바랍니다. 이 책은 지난 몇 년간《한겨레》,《시사IN》,《주간경향》등의 언론에 실었던 글들을 모은 것입니다. 이미 발표된 글을 책으로 묶는 일이 부끄럽기도 하지만, 현재 상황에 맞춰 꼼꼼하게 살펴서 업데이트하고 수정했습니다. 칼럼을 쓸 때 참조하며 읽고 공부했던 여러 논문과 단행본, 발표 자료는 참고문헌으로 추가했습니다.

글을 다시 읽으며 지난 몇 년을 되돌아봤습니다. 한국에서 지난 정부는 소득주도성장을 추진했지만 거센 비판과 논란에 휩싸였고, 재정정책에서는 아쉬움도 컸습니다. 청년들은 공공부문 비정규직의 정규직화와 조국 사태를 배경으로 '공정'을 외쳤습니다. 이후 코로나19 팬데믹의 충격 속에 방역은 성공적이었지만 재정지출에는 소극적이라 자영업자들이 큰 어려움을 겪었습니다. 그런데 그 뒤에 출범한 윤석열 정부는 민간주도 경제와 재정긴축, 감세를 추구하는 퇴행을 보여 매우 걱정스럽습니다.

국제적으로는 팬데믹 이후 재정을 확장하는 큰 정부가 복귀하고 케인스주의 경제학이 대세가 되었으며, 독점에 대한 비판이 높아졌습니다. 또한 불평등이 세계적으로 확대되자 경제학자들과 여러 국가가 그에 맞서 분투 중입니다. 그런가 하면 최근 경제회복 과정에서 높아진 인플레이션의 원인과 정책대응을 둘러싼 논쟁이 전개됐습니다. 그리고 세계화가 후퇴하고 기후위기는 가속화되었으며, 인공지능은 급속히 발전하고 있습니다.

이 책은 이러한 한국경제와 세계경제의 쟁점들을 진보적인 경제학자의 관점에서 바라본 결과물입니다. 본문은 불평등과 불공정, 한국경제를 둘러싼 논쟁, 최근 거시경제학의 혁신과 세계경제 변화를 중심으로 구성했습니다. 1부는 불평등, 불공정과 관련된 경제 쟁점들을 살펴보고, 결과의 불평등을 개선하고 모두가 번영하기 위해 증세가 필요하다고 주장합니다. 한국경제에 초점을 둔 2부는 문재인 정부가 추진했던 소득주도성장의 의의와 한계를 살펴본 후, 윤석열 정부의 보수적인 경제정책을 비판합니다. 3부는 팬데믹 이후 큰 정부가 귀환한, 최근 거시경제학의 새로운 흐름을 소개하고 거꾸로 가고 있는 한국이 고민해야 할 점들을 논의합니다. 마지막 4부에서는 일본경제의 현실과 미국 바이든 정부의 정책 변화, 최근 인플레이션을 둘러싼 논쟁 등 세계경제의 격동에 관해 보고합니다.

돌이켜보면 팬데믹 전후의 지난 몇 년은 분명 세계경제의 패러다임이 급속히 변화하는 시기였습니다. 새로운 시대정신은 긴축과 불평등에 맞서 국가의 더 큰 역할을 요구하고 있습니다. 그러나 해외에서 바라본 한국의 모습은 지난 정부 때는 한계가 많았고, 이번 정부는 시대와 세계의 흐름에 역행하는 것으로 여겨집니다.

아무쪼록 이 책이 독자들에게 최근 몇 년 동안 세계와 한국의 경제가 어떻게 변화해왔는지 찬찬히 살펴보는 기회가 되기를 기대합니다. 무엇보다 여러분이 지난 정부의 경제정책 성과와 한계, 현 정부 정책의 문제에 관해 깊이 생각해볼 수 있다면 좋겠습니다. 그리고 함께 힘을 모아 긴축과 불평등의 출구를 찾을 수 있기를 바랍니다. 과거를 돌아보고 현재를 고민하는 깨어 있는 시민들의 노력이 더 나은 미래를 열 수 있을 것이라 믿습니다.

이강국

4부	**세계는 지금** 팬데믹 전후의 경제 격동

1부

불평등과
불공정의 시대

공정 대 평등

#심각한 불평등을 그대로 둔 채 진정 공정한 경쟁이 가능할까

조국 전 장관 사태 이후 '공정'이 한국 사회의 가장 중요한 화두가 되었다. 문재인 대통령은 2019년 10월 22일 국회 시정연설에서 '공정'을 스물일곱 번이나 언급했고, 당시 정부는 대입제도에서 정시를 확대하는 방향을 발표했다.

공정이란 일반적으로 반칙이 없는 과정, 즉 모두가 차별 없이 투명하게 경쟁한 결과에 따라 보상이 결정되는 것을 말한다. 누군가 부모덕에 스펙을 쌓아 명문대 수시에 성공하는 것보다 똑같이 치른 시험의 성적으로 결과가 결정되는 것이 공정할 것이다. 이러한 공정은 자신의 능력에 따라 사회적 지위가 결정되는 능력주의와도 관련이 크다.

물론 이는 기계적이고 형식적인 공정 개념으로, 평등한 결과를 포함하는 더욱 넓은 개념의 공정을 생각해볼 수도 있다. 실제로 뉴욕대학교 사회심리학자 조너선 하이트Jonathan Haidt는 '보수파는 공정을 비례성의 원칙으로 생각하는 반면 진보파는 평등의 원칙으로 서로 다르게 생각한다'고 지적했다.[1]

그러나 한국에서 많이 이야기되는 공정은 주로 비례성과 관련된 협소한 개념에 머무르는 것으로 보인다. 많은 이가 이런 관점에서 정시가 더 공정하다고 생각할 것이고, 반면 저소득층이나 특정 지역을 배려하는 전형은 그렇지 않다고 생각할 것이다. 일부 대학생들은 친구들을 "지균충(지역균형전형으로 입학한 사람을 낮잡아 부르는 말)", "기균충(기회균형전형으로 입학한 사람을 낮잡아 부르는 말)"이라 부르고, 공공부문에서 시험을 보고 들어온 정규직 청년들이 비정규직의 정규직화를 반대하는 목소리도 높지 않은가.

하지만 정작 현실에선 비싼 사교육을 받는 강남의 부잣집 아이들이 명문대에 입학할 확률이 정시에서 더 높으니, 때때로 형식적인 공정은 결과의 평등과 갈등을 빚게 된다. 실제로 소득상위계층일수록 대학입시에서 학종(학생부종합전형)보다 정시를 선호한다는 연구결과도 있다.[2]

나아가 이렇게 좁은 공정 개념을 너무 강조하는 것은 '능력이 있으니 성공했다'는 능력주의를 떠받치고 결과의 불평등을 정당화해 약자에 대한 배려를 약화시킬 가능성도 크다. 많은 중상류층이 세습으로 부자가 된 이들을 비판하면서 저소득층의 복지를 위해 세금을 더 내는 일에 반대하는 것도 혹시 우리 안에 내재된 능력주의 때문은 아닐까? 흔히 좋은 뜻으로 사용되지만, '메리토크라시(능력주의사회)'라는 단어 자체가 엘리트들이 사회를 지배하는 디스토피아를 경고하는 의미였다는 것을 잊지 말자.

문제는 현실에서 개인의 능력을 부모나 집안 같은 환경요인과 분리하기 어렵다는 것이다. 여러 연구가 부모의 소득이 자녀의 지능에 어릴 때부터 영향을 미친다고 보고한다. 심지어 아기가 엄마의 뱃속에 있을 때부터 엄마의 환경이 아기가 태어난 후의 건강과 자란 후의 성공에 영향을 미치며, 불평등의 기원은 태아 시기부터 거슬러 올라가야 한다는 것이다.[3]

또한 집안 환경 등의 이유를 배경으로 저학년에 비해 고학년이 될수록 부잣집과 가난한 집 아이들의 성적 차이가 벌어진다는 보도도 있다. 경제적 문제로 집안이 쪼들리면 공부도 어려워지기 때문일 것이다. 실제로 한 실험연구는 부자와 가난한 이에게 자동차에 문제가 생겨서 돈이 들어가는 경제적으로 곤란한 상황을 생각하도록 했다. 150달러의 소액이 드는 상황을 가정할 때는 부자와 가난한 이 사이의 인지능력에 차이가 나지 않았지만, 1500달러가 들어가는 상황을 가정하자 가난한 사람들이 부자들에 비해 인지능력이 저하되었다.[4]

그렇다면 심각한 불평등을 그대로 두고 진정으로 공정한 경쟁이 과연 가능할까? 결국 형식적인 과정의 공정을 추구한다 해도 부자 부모를 둔 아이들이 입시에도 졸업 후에도 성공할 가능성이 높을 것이다. 부모들 간의 불평등이 자식들에게 기회의 불평등으로 그대로 이어질 것이기 때문이다. 한국은 국제적으로 과거 세대 간 소득탄력성이 낮아서 기회의 불평등이 높지 않다고 보고되었지만, 최근에는 그것이 악화되고 있다는 우려가 높아지고 있다.

그럼에도 청년들을 포함한 많은 이가 지금 공정을 외친 것은 현실에서 노력과 결과가 괴리되는 불공정과 반칙이 흔히 나타나기 때문일 것이다. 특히 노동시장과 소득에서 결과의 불평등이 크다면 불공정한 과정에 대한 분노가 더욱 커지기 쉽다. 불평등이 심각한 현실에서 과정마저 불공정한 것은 더욱 용납하기 어려운 일 아닌가. 따라서 능력에 따라 정당하게 보상하는 과정의 공정을 실현하기 위한 노력은 꼭 필요할 것이다.

동시에 이와 함께 결과의 격차를 줄이고 기회의 평등을 추구하는 것이 중요하다. 수저가 다른 아이들 사이에는 제대로 된 경쟁이 힘드니 평등 없는 공정은 공허하기 때문이다.

진정한 넓은 의미의 공정을 위해 필요한 것은 역시 불평등에 맞서는 싸움이다. 아이들이 어렸을 때부터 출발선을 고르게 만들고 입시에서 기회균형선발을 확대하며, 취약한 노동자들에게 힘을 실어주고 소득재분배를 강화해야 한다. 그리고 무엇보다 정치를 바꾸기 위한 노력이 필요하다. 그것이 공정 대 평등 사이의 갈등을 넘어서는 길이다.

두 개의 캐슬

#증세가 이리도 힘든 것은 성안의 사람들이
여론과 정치를 주도하기 때문

몇 년 전 서울대학교 의과대학에 자식을 진학시키기 위한 최상위 소득층 부모의 사교육 이야기를 다룬 〈SKY 캐슬〉이라는 드라마가 화제를 불러일으켰다. 드라마의 제목을 보고 문득 든 생각은 한국에 존재하는 또 하나의 캐슬이었다. 최상위 0.1퍼센트 혹은 1퍼센트의 까마득히 높은 성을 둘러싸고 있는 상위 10퍼센트의 또 다른 공고한 성 말이다.

한국 사회는 국제적으로 볼 때 상위 10퍼센트가 전체 소득과 부에서 차지하는 비중이 매우 높다. 상위 1퍼센트의 소득집중도는 2016년 약 12퍼센트로 주요 선진국 중 중간 수준이었지만 상위 10퍼센트의 집중도는 약 43퍼센트로 1위 미국 바로 다음으로 일본과 2위를 다투었다.

그렇다면 상위 10퍼센트는 누구일까? 노동자의 근로소득인 연봉만 따져보면 2021년 귀속 근로소득 기준으로 약 8200만 원을 넘게 벌면 개인 기준 상위 10퍼센트에 들어가고, 이들의 평균소득은 약 1억 2900만 원이다. 아르바이트 등 모든 노동자를 포함한 수치임을 고려해야 하겠지만, 그래도 생각보다 낮다. 가계금융복지조사에 따르면 가구소득 기준으로는 2021년 상위 10퍼센트 경계값이 약 1억 2800만 원이고 이들 가구의 평균소득은 약 1억 9000만 원이다.

이 상위 10퍼센트의 성안 사람들은 사업가와 전문직 부자들뿐 아니라 대기업 정규직과 공기업 노동자 그리고 일부 공무원이다. 성밖에는 90퍼센트인 중소기업과 비정규직 노동자, 그리고 소상공인들이 살고 있다. 더욱 먼 곳에는 노동시장 바깥의 빈곤층과 노인이 존재한다. 문제는 여전히 성안팎의 격차가 더욱 커지고 성벽이 높아지고 있다는 것이다. 총급여 기준 근로소득의 집중도를 보면 상위 10퍼센트의 비중은 2012년 32.8퍼센트에서 2019년 31.1퍼센트까지 꾸준히 하락했다가 2021년 32.1퍼센트가 되었다. 그러나 상위 1퍼센트의 근로소득 비중은 약 7~7.5퍼센트대 초반에서 안정적이었지만 코로나19 이후 높아져 2021년에는 7.9퍼센트로 상승했다.

특히 금융소득과 같은 비근로소득의 집중도가 최상위소득 계층에서 최근 높아져서 통합소득을 기준으로 하면 최상위계층의 소득 비중이 2010년대를 거치며 약간 더 높아졌다.[5] 상위 1퍼센트의 집중도는 2012년 10.8퍼센트에서 2019년 11.2퍼센트가 되었고 2021년에는 12.1퍼센트로 높아졌다. 또한 최상위 0.1퍼센트는 2012년 4퍼센트에서 2021년 4.8퍼센트로 높아졌다. 상위 10퍼센트의 통합소득 점유율은 근로소득에서 집중도 하락을 반영하여 2012년 37.3퍼센트에서 2019년 36.6퍼센트로 약간 낮아졌지만, 2021년에는 37.8퍼센트로 높아졌다.

이 성의 높고 공고한 벽은 대기업과 중소기업, 그리고 정규직과 비정규직 사이의 격차 등 경제의 구조적인 문제들이 오랫동안 쌓인 것이다. 그 벽을 허물기 위해서는 공정경제의 확립과 성밖 노동자들의 조직화 등이 필요할 것이다. 이와 함께 대기업 노조와 공공부문, 그리고 각종 규제와 면허에 기초한 기득권들도 성벽의 일부임을 잊지 말아야 한다. 경쟁의 촉진과 임금체계를 포함한 공공부문의 개혁도 필요한 이유다.

노조가 기득권을 내려놓으려는 노력도 나타나고 있다. 2019년 사무금융노조는 사내 비정규직의 정규직화에 나설 경우, 올해 임금을 동결하겠다고 제의했다. 그러나 이렇게 노조가 사회적 책임을 지는 모습은 보기 드물다. 지금은 상위 10퍼센트라 해도 회사를 나가면 똑같이 성밖의 신세가 되기 때문이다.

더욱 효과적인 방법은 세금을 올리고 그것을 사회복지와 안전망의 대폭 확대에 쓰는 것이다. 2019년 GDP(국내총생산)에서 공공사회지출이 차지하는 비중은 OECD(경제협력개발기구) 평균이 20.1퍼센트였지만 한국은 터키보다 낮은 12.3퍼센트였다. 팬데믹 이후에는 그 비중이 더욱 높아졌지만 여전히 국제적으로 그리고 소득수준과 비교해도 낮은 수준이다. 최상위 0.1퍼센트의 성안에 집중되어 있고 최근 소득집중도 상승의 배경인 자본소득이나 자산에 대한 증세도 필요할 것이다.

그러나 더욱 중요한 것은 두 번째 성인 고소득층을 중심으로 근로소득에 대한 광범위한 증세다. 특히 한국은 명목상의 근로소득세율은 국제적으로 낮지 않지만, 이런저런 공제가 너무 많아서 실제 소득인 총급여에 비해 지불하는 실효근로소득세의 비율은 최고소득층을 제외하면 크게 낮다. 2021년 귀속 근로소득 기준 최상위 1퍼센트 소득계층은 실효근로소득세율이 평균적으로 26.7퍼센트로 높지만, 상위 10퍼센트 경계가 되는 이들의 실효근로소득세율은 약 7퍼센트이며 상위 20퍼센트 경계의 경우는 고작 4퍼센트에 불과하다. 근로소득이 상위 20퍼센트 경계인 사람들은 연소득이 약 5800만 원이었는데 소득세는 겨우 250만 원을 냈던 것이다. 이는 다른 선진국에 비해 크게 낮은 수준이다. 그런데도 증세가 이리도 힘든 것은 역시 여론과 정치를 주도하는 것이 성안에 있는 사람들이기 때문이다. 그들 중 많은 이가 스스로를 성밖의 중산층이라 생각한다는 것도 중요한 요인일 것이다.

　높은 성벽으로 갈라지고, 하는 일이 아니라 위치가 소득을 결정하는 사회는 경제의 역동성이 둔화되기 마련이다. 한국이라는 드라마가 비극으로 끝나지 않으려면 상위 10퍼센트 캐슬 안에서부터 성문을 열고 성벽을 허물기 위한 노력이 필요할 것이다.

정년연장과 기득권

#필요한 것은 기득권을 억제하는 노동시장의 개혁

일본은 아기용보다 노인용 기저귀가 더 많이 팔리는 나라다. 경제산업성에 따르면 이미 2015년부터 노인용 기저귀 생산량이 아기용을 넘어섰다. 한국은 아직 그 정도는 아니지만 출산율이 일본보다 낮고 고령화 속도는 더 빠르다. 우리에게도 곧 닥쳐올 고령화로 인한 노동력 부족 문제에 대응해 정부도 고령자의 노동을 촉진하기 위해 고민해왔다. 2019년 6월 홍남기 부총리는 정년연장 문제를 사회적으로 논의할 시점이 되었다고 말해서 파장을 불러일으켰다. 같은 해 9월에는 정부가 생산연령인구 확충방안을 포함한 '인구구조 변화 대응방안'을 발표했다. 당시 문재인 정부는 특히 2022년부터 65세까지 정년연장을 위한 계속고용제도의 도입을 검토하기로 했다. 노인빈곤이 심각한데 국민연금 수급연령이 2033년부터 65세로 높아지는 것도 한 배경이었을 것이다.

이 제도는 우리보다 앞서 늙어간 나라인 일본을 벤치마킹한 것이었다.[6] 일본 정부는 1998년 60세 정년을 의무화한 후, 2006년부터 단계적으로 정년을 연장하여 2013년 65세로 높였다. 일본 기업은 정년연장, 계속고용제도, 또는 정년폐지를 선택할 수 있는데, 60세 퇴직 이후 계약직 등으로 더 낮은 임금을 주며 계속고용제도를 채택한 기업이 약 80퍼센트다. 이제 70세 정년을 추진하고 있는 일본의 정년연장은 별다른 사회적 갈등을 낳지 않았다. 일손부족 문제도 심각했지만, 정부가 오랫동안 준비를 했고 노사의 이해가 커졌기 때문이다. 무엇보다도 2013년 이후 아베노믹스(양적완화, 재정지출 확대, 성장전략 등으로 장기침체를 극복하고자 한 일본 아베 총리의 경제정책)를 배경으로 경기가 회복되어 청년실업률이 뚝 떨어진 것도 도움이 되었다

일본과 정책은 비슷하지만 한국의 현실은 다르다. 정년연장에 대해 기업계는 비용 부담을 들어 반발했지만, 가장 큰 우려는 정년연장이 실제 '정년'까지 일할 수 있는 공공부문이나 대기업의 정규직 등 일부 노동자들에게만 도움이 될 수 있다는 점이었다. 일본과 달리 한국은 직장에서 수십 년을 일하고 정년을 맞는 노동자들이 적다. 전체 노동자의 평균 근속연수는 약 6년으로 일본의 절반에 불과하며 중소기업 노동자들보다 훨씬 더 낮다. 좋은 일자리가 부족한 청년들이나 고용불안에 시달리는 중년 노동자들에게 정년연장은 신규고용을 줄여 오히려 나쁜 소식이 될 수도 있을 것이다.

무엇보다도 한국의 노동시장에는 임금의 연공성(근속연수에 따라 임금이 오르는 구조)이 너무 강하다는 것이 문제다. 국제적으로 비교해보면 한국에서 30년 이상 근속한 노동자들의 연봉은 입사 때와 비교

할 때 3.3배로 높아지는데, 일본은 2.5배, 유럽은 1.7배로 낮다.[7] 연공급(근로자의 근속 기간에 따라 임금이 상승하는 임금체계)이 강력하니 근속 연수가 높을수록 임금이 생산성에 비해 더 빨리 기업들은 노동자들이 50대가 되기도 전에 퇴직의 압력을 넣고, 정년연장의 부담도 더욱 커진다. 연공급의 원조인 일본은 오랫동안 임금체계를 개편해왔고 2000년대 후에는 일본식 직무급인 역할급(조직에서 직원의 역할에 따라 역할등급과 임금을 정하고, 그 이행 정도에 따라 임금을 결정하는 제도)이 확산되었다.

한국의 정년연장이 기득권층에게만 이득이 되지 않으려면 연공급의 개혁 혹은 임금피크제 실시가 필요할 것이다. 특히 정년이 보장되면서도 처우가 좋은 공공부문의 솔선수범이 요구되고 있다. 예를 들어 일반공무원 하급직은 그리 높지 않지만, 2018년 전체 공무원의 평균연봉은 약 6300만 원이었고 공기업 전체의 평균연봉은 7843만 원에 이르렀다. 반면 고용형태별 근로실태조사에 따르면 2018년 전체 노동자들의 평균연봉은 3634만 원이었고 상위 10퍼센트의 경계는 6950만 원이었다. 공무원시험 경쟁률이 엄청나다고 하지만 청년들은 합리적인 선택을 하는 셈이다.

물론 공공부문의 고용비중이 다른 선진국들보다 낮고, 소방관이나 집배원 등의 열악한 노동환경을 생각하면 공공부문의 고용확대와 비정규직의 정규직화가 필요할 것이다. 그러나 이와 함께 호봉이 높은 장기근속자들의 임금을 억제하는 등 기득권을 줄이는 노력이 이루어져야 한다. 많은 이가 공감하지만 공공부문 개혁이 말만 무성한 것은 아마도 잘 조직된 공공부문의 표를 의식하는 정치적 이유 때문일 것이다.

한국의 기득권은 누가 뭐래도 금수저나 재벌 등의 문제라고 할 수 있다. 하지만 상위 10퍼센트의 높은 소득집중도로 대표되는 한국에서 공공부문이나 대기업 정규직 노조 등 상층노동자들도 그로부터 완전히 자유로울 수 있을까? 정년연장이 불평등의 심화로 이어지지 않기 위해, 그리고 진정으로 공정한 나라를 만들기 위해 필요한 것은 기득권을 억제하는 노동시장의 개혁일 것이다.

이런 개혁의 노력이 부족해서인지 문재인 정부 시기 정년연장이나 계속고용제의 논의는 결국 흐지부지되고 말았다. 그러나 고령화와 인구문제는 더 이상 외면할 수 없다. 실제로 윤석열 정부의 대통령직인수위원회도 정년연장의 필요성을 공식적으로 언급했다. 2022년 12월 28일 저출산고령사회위원회는 '인구구조 변화와 대응방안'을 발표하고 특히 고령자의 고용연장에 대한 논의를 추진하겠다는 계획을 밝혔다. 정부는 60세 이상 계속고용 법제 마련을 위한 사회적 논의를 개시하고 이 논의를 바탕으로 65세 이상 신규취업자에 대한 실업급여 적용 방안도 검토하기로 했다.

아마도 앞으로 정년연장 논의가 본격화될 것이고 다시금 사회적으로 뜨거운 논란이 일어날 것이다. 그러나 임금체계의 변화 등 적절한 노동시장 개혁조치가 함께 이뤄질 때 정년연장을 둘러싼 사회적 합의가 가능할 것임을 잊지 말아야 한다.

재난은 평등하지 않다

#재난 이후 불평등의 변화는 정치에 달려 있다

바이러스는 평등하다. 바이러스는 부자와 가난한 자를 가리지 않고 사람들의 세포막에 달라붙고 침투하여 전염병을 일으킬 수 있다. 그러나 전염병은 평등하지 않다. 똑같은 바이러스지만 사람들이 병에 걸리고 사망에 이르는 정도는 소득과 직업에 따라 다르기 때문이다.

2020년 5월 이미 코로나19의 사망자가 10만 명을 넘은 미국의 현실은 이를 생생하게 보여주었다. 외신에 따르면 2020년 4월 초 시카고에서는 전체 인구의 32퍼센트만을 차지하는 흑인이 코로나19 사망자 중에서는 67퍼센트를 차지했다. 일리노이주나 미시간주는 그비중의 차이가 더 컸다.[8] 코로나19 초기 가장 큰 피해를 입은 뉴욕시에서도 2020년 5월 당시 흑인과 히스패닉의 인구 대비 코로나19 사망자 비율이 백인보다 약 두 배나 높았다. 또한 유색인종이 많이 사는 퀸스의 빈민지역은 인구 대비 감염자 수가 맨해튼 남부의 부자동네보다 네다섯 배나 높았다.

이는 가난한 노동자들이 바이러스에 더 쉽게 노출되기 때문이었다. 음식점이나 소매업, 간호사나 요양사 등 이들의 일자리는 재택근무가 어려웠다. 재택근무를 할 수 있는 직업들은 주로 금융계나 정보기술 등의 고임금 일자리로 재택근무 비율과 소득은 정반대의 관계를 보였다. 또한 미국의 저소득층은 당뇨나 천식 등의 기저질환이 많고 평균수명이 짧으며 의료보험 미가입자도 약 3000만 명이나 되는 실정이다.

상대적으로 방역이 성공적이었던 한국에서도 2020년 5월에서 6월까지 152명의 감염자가 나왔던 부천 쿠팡물류센터의 사례는 시사하는 바가 컸다. 세탁하지 않은 방한복과 신발을 노동자들이 함께 사용했고, 회사는 확진자를 숨기고 수백 명을 출근시켰다. 사람 대신 상품이 움직여 세상이 돌아갔지만 그 뒤에는 바이러스에 취약한 열악한 노동환경이 숨어 있던 것이다. 이는 저가배달을 위한 경쟁 속에서 최대한 비용을 줄이기 위한 플랫폼기업의 노력과 관련이 있다. 실제로 그 물류센터의 약 3700명의 노동자 중에서 정규직은 98명이고 아파도 쉬기 힘든 일용직이 2588명, 계약직이 984명이었다.

재난은 평등하지 않다. 전염병으로 인한 심각한 불황이 불평등을 심화시키기 때문이다. 미국은 팬데믹으로 2020년 5월 말까지 10주 동안 일자리를 잃은 이가 4000만 명을 넘었고 2020년 4월 실업률은 약 15퍼센트까지 치솟았다. 그중에서도 주로 유색인종과 저임금 일자리가 많이 사라졌다. 이들의 경제적 어려움과 고착된 불평등은 경찰에 의한 흑인 사망사건 이후 터져 나오고 있는 흑인들의 분노를 더욱 부채질했을 것이다.

한국의 사정도 크게 다르지 않았다. 2020년 4월 고용 동향에 따르면 저임금 서비스산업과 임시, 일용직 중심으로 1년 전에 비해 취업자가 47만 6000명 감소했고 실업자에 포함되지 않는 일시휴직자도 113만 명 증가했다. 이는 하위계층의 근로소득 감소로 이어졌지만 고소득층의 소득은 오히려 증가했다. 2020년 1분기 가계동향조사에 따르면 상위 10퍼센트 가구의 소득은 전년에 비해 7퍼센트 증가했고 하위 10퍼센트 가구는 3.6퍼센트 감소했다. 재난으로 인한 고통은 아래로만 흘러 목소리조차 잘 들리지 않는 빈곤층에 집중되었던 것이다.

다른 전염병의 경우도 마찬가지다. 국제통화기금(IMF)의 실증연구는 사스 등 2000년대 5개의 전염병 이후 소득불평등이 심화되었고 특히 교육수준이 낮은 노동자들이 큰 타격을 받았음을 보여준다.[9] 사라진 일자리가 기계로 대체된다면 불평등은 더욱 확대될 수 있다. 한 연구는 글로벌 금융위기가 미국 기업들로 하여금 기술과 고숙련 노동자들을 더 많이 사용하도록 촉진했다고 보고한다. 특히 불황기에 해고당한 노동자들은 호황기에 해고당한 이들에 비해 소득의 회복이 더욱 어렵다. 또한 저널리스트이자 작가인 나오미 클라인Naomi Klein이 '재난자본주의'라고 이름 붙였듯이 흔히 재난은 기득권층의 이해와 대자본의 돈벌이를 위한 기회가 되기도 한다.

그러므로 재난 이후 불평등의 변화는 그에 맞서 싸우는 정치에 달려 있을 것이다. 국제통화기금은 불평등의 심화를 억제하기 위해 고용보험, 유급병가 그리고 복지지출 확대와 고소득층 증세 등의 정책을 제시했다. 실제로 여러 국가가 불평등을 드러내고 있는 재난 앞에서 일자리를 지키고 사회안전망을 강화하기 위해 힘을 쏟았다.

더 나아가 현실을 바꾸기 위한 구조적인 노력이 필요하다. 한국의 경우 여전히 모자란 정부의 소득재분배를 확대하는 것과 함께 노동환경과 처우의 개선을 위해 취약한 노동자들의 협상력을 강화하는 것이 핵심이다. 또한 노동조합의 결성을 촉진하고 단체협약 적용률을 확대하며 공정한 임금체계를 실현해야 할 것이다. 재난은 평등하지 않지만, 우리의 노력에 따라 평등한 공동체를 만드는 계기가 될 수도 있음을 잊지 말자.

캐슬의 축소판, 인천국제공항

#공공부문, 기득권은 줄이고 성문을 활짝 열자

인천국제공항은 한국을 상징하는 곳이다. 외국인들이 한국을 찾을 때 처음 도착하는 곳이기도 하지만 노동의 현실이 그렇기도 하다. 2020년 6월 기준, 인천국제공항의 노동자 중 약 1500명이 공사 소속의 정규직이고 약 1만 명은 협력업체의 비정규직이었다. 앞서 말했듯, 한국 사회를 대기업과 공공부문 정규직으로 구성된 상위 10퍼센트의 '캐슬' 안 사람들과 바깥의 사람들로 이루어져 있다고 비유한다면 인천국제공항은 그 축소판이다.

그곳이 매우 시끄러웠다. 3년 전, 인천국제공항공사가 1902명의 보안검색요원을 자사 정규직으로 고용한다고 밝히자 이를 반대하는 청와대 청원의 동의가 26만 개를 넘겼다. 정규직 전환과정이 공정하지 않다는 것이었다. 많은 청년이 "스펙도 좋지 않은데 시험도 없이 운 좋게 그 어려운 인천공항의 정규직이 되는 것은 말도 안 된다"고 주장했다. 그러나 이런 주장에는 일종의 특권의식이 느껴지기도 했다. 정부도 이들이 정규직으로 전환된다 해도 취준생들의 기회를 줄이는 것은 아니라고 설명했다.

그럼에도 인천국제공항을 둘러싼 청년들의 불만과 전환과정에서 합당한 절차와 기준이 필요하다는 문제제기에 대해서는 깊이 생각해볼 필요가 있었다. 코로나19의 여파로 취업시장은 얼어붙어 2020년 5월 별다른 이유 없이 쉬었다는 20대가 그 전해에 비해 33퍼센트나 증가했다. 이들에게 공사의 연봉 3500만 원의 정규직 일자리는 당연히 커다란 기회로 보였을 것이다.

넓게 보면 문제의 뿌리는 역시 정규직과 비정규직의 큰 격차였다. 심지어 비슷한 일을 하는데도 임금과 고용조건이 크게 다른, 캐슬 안팎으로 갈린 이중노동시장은 거대한 불공정이다. 간접고용을 포함하면 비정규직은 2020년 당시 10대 대기업집단에서도 그 비율이 38퍼센트나 되었다. 어찌 보면 현실의 이 커다란 격차가 청년들이 절차의 기계적인 공정에 매달리는 한 배경이었는지도 모른다. 사실 그 일에 분노했던 청년 중에도 격차를 해소하고 비정규직을 줄이겠다는 방향에 반대하는 이들은 별로 없었을 것이다.

지난 정부 시기, 문재인 대통령이 취임 3일째 인천공항을 방문하여 공공부문의 비정규직을 제로로 만들겠다고 선언한 이유도 그것이었다. 실제로 정부는 2020년까지 공공부문 비정규직 20만 5000명을 정규직으로 전환하는 목표를 세웠는데, 2020년 12월 말까지 약 19만 9600명을 정규직으로 전환하기로 결정하고 목표의 약 97퍼센트를 달성했다고 발표했다. 전환자는 고용안정에서 만족도가 높아지는 등

성과를 거두기도 했다. 그러나 그중 자회사 고용이 약 26퍼센트에 달해 갈등이 불거졌고 민간의 동참을 끌어내는 데는 한계가 컸다. 도로 공사의 톨게이트 수납원들은 직접고용을 위해 격렬한 투쟁을 했고 인천공항도 애초 약속과 달리 직접고용을 둘러싸고 혼란을 겪었다.

인천국제공항은 3개의 자회사를 설립하여 용역회사 소속 비정규직 9000여 명을 정규직으로 전환했다. 그러나 이들의 노동환경은 열악하고 임금도 최저임금 수준으로 낮아 정규직 전환 논의 완료 이후 신규입사자 중 3분의 1이 근속연수 1년도 채우지 못하고 퇴사했다. 공사는 자회사와의 계약도 이전의 경쟁입찰 시기와 같은 계약관행을 고수하고, 모회사의 사용자 책임은 여전히 폭넓게 인정되지 않아서 자회사 노동자들이 공사와 직접 교섭할 수 없는 현실이다. 따라서 자회사의 직고용 일자리도 용역업체 비정규직에 비해 나아지지 않아 비판의 목소리가 여전히 크다.

격차를 줄이기 위해서는 비정규직의 정규직 전환만이 아니라 다른 노력도 중요하다는 것을 잊지 말아야 한다. 비정규직의 권익을 개선하기 위해서는 동일노동 동일임금을 추진하고 사내하청 같은 간접고용 노동자들도 원청기업과 협상이 가능하게 만드는 노력이 중요하다. 또한 근속연수에 따라 저절로 임금이 높아지는 과도한 연공급 구조의 개혁 등으로 정규직의 기득권을 억제할 필요가 있다. 정규직 내부자들의 강력한 이해 추구는 비정규직을 확대하고 노동시장의 분단을 강화시키기 때문이다.

특히 공공부문 정규직은 안정적인 고용과 함께 높은 임금으로 잘 알려져 있다. 예를 들어 2019년 기준으로 공기업과 준정부기관 등 공공기관의 평균보수는 6779만 원으로 노동자 평균연봉의 약 두 배나 되며 개인소득 상위 10퍼센트의 경계와 비슷한 수준이었다. 논란의 대상인 인천국제공항공사는 2019년 일반정규직의 평균보수가 9130만 원이나 되어 청년들이 취업하기 희망하는 회사 1위였다. 그 원천은 역시 독점적 지위가 주는 지대인데, 면세점 임대수익 등으로 2019년 영업이익이 1조 2900억 원에 달했다. 이는 비정규직을 많이 쓰고 있다는 사실과도 관련 있었을 것이다.

그렇다면 진정한 공정을 위해 공공부문에 필요한 것은 역시 "철밥통" 혹은 "귀족"이라 불리는 정규직의 기득권은 제한하고 문호는 개방하여 더 많은 정규직을 고용하는 것이다. 문재인 정부는 공공부문 일자리 81만 개를 만들어낼 것이라 공약한 바 있다. 통계청에 따르면 2021년 공공부문 일자리는 2016년에 비해 약 45만 개 증가했다. 그러나 '고양이 목에 방울 달기'라 그런지 공공부문의 임금체계 개편 등은 오래전부터 말만 무성했고 별다른 진전이 없었다. 공공부문에서부터 캐슬 안의 사람들이 노력해서 스스로 성문을 활짝 여는 노력을 보고 싶다.

윤석열 정부는 이전 정부와 반대로 공공부문의 구조조정을 지향하며 인력감축을 추진하고 있다. 물론 공공부문의 지나친 비효율과 과도한 보상은 당연히 줄여야 하겠지만, 인력을 줄이는 것은 올바른 방향이 아니다. 한국은 다른 선진국들에 비해 여전히 공공부문 고용 비중이 매우 낮다. 취업자 대비 공공부문 비율은 2019년 OECD 평균 약 18퍼센트인데 한국은 2020년 약 10퍼센트에 불과하다. 저성장에 직면한 현실에서 좋은 일자리를 만들어내기 위한 정부의 역할이 필

수적이며 이는 취업에 힘들어하는 청년들에게도 큰 도움이 될 것임
을 잊지 말아야 한다.

소득세를 올립시다

#온갖 공제를 줄이고 실효소득세를 올려야 한다

열심히 일해서 월급을 받는 당신은 정부가 세금을 떼가는 것이 싫을 것이다. 그래서 언제나 그렇듯 정부도 세금을 올리는 일에는 극히 조심스럽다. 그런데 2020년 7월 문재인 정부는 소득 10억 원 이상 구간의 소득세 최고세율을 42퍼센트에서 45퍼센트로 올리는 것을 포함한 세법개정안을 내놓았다. 소득 기준으로 상위 0.05퍼센트, 1만 1000명에 해당되는 핀셋증세였다.

이에 대해 당시 "한국은 이제 선진국 중에서도 소득세가 높은 수준"이라며 비판하는 목소리가 높았다. 전가의 보도와 같은 비판은 "높은 세금이 열심히 일할 의욕을 떨어뜨려 경제에 악영향을 미친다"는 것이었다. 하지만 그 정도 세금으로 경제활동이 저해된다는 증거는 찾기 어렵다. 최근의 경제학 연구들은 최고소득구간의 세수를 극대화하는 최적의 소득세 최고세율을 추정한다. 이는 세율이 오를 때 고소득자들이 노동을 줄이거나 탈세하는 것을 통해 과세대상소득이 얼마나 줄어드는지 보여주는 탄력성에 달려 있다. 노벨경제학상 수상자인 매사추세츠공과대학교(이하 MIT) 다이아몬드Peter Diamond 교수와 버클리대학교의 사에즈Emmanuel Saez 교수는 여러 연구에 기초하여 모든 세금을 포함한 최적의 최고세율은 70퍼센트 이상이라고 보고했다.[10] 물론 경제학계에 논쟁이 존재하지만 높은 소득세에 반대하는 경제학적 근거는 매우 희박하다.

역사적으로 미국의 소득세 최고세율은 제2차 세계대전 이후 1970년대까지 70~90퍼센트로 높았고 80년대 이후 보수정치의 득세와 함께 크게 낮아졌다. 그러나 약속과 달리 감세 이후 성장은 둔화되었고 불평등은 악화되었다. 이제 민주당의 진보적 정치인들은 70퍼센트의 소득세 최고세율을 공약으로 제시하고 있다. 한국도 1970년대 말에는 70퍼센트, 80년대에는 55퍼센트에 달했다.

또 다른 비판은 부자들은 이미 세금을 많이 내고 있는데 증세로 부담이 더 커진다는 것이었다. 온갖 공제들이 존재하니 현실의 소득세 부담은 총급여에서 실제 내는 세금의 비율인 근로소득세 실효세율로 계산해야 한다. 2020년 당시의 근로소득 기준으로 실효세율의 전체 납세자 평균은 약 5.9퍼센트로 법정 소득세율보다 훨씬 낮고 국제적으로도 매우 낮았다. 국제비교를 해보면 2013년 평균소득의 250퍼센트를 버는 고소득층도 실효세율이 OECD 평균의 약 절반 수준이었으며, 평균소득 계층은 3분의 1에 불과했다.

하지만 한국에서 최상위 부자들의 소득세 부담이 상대적으로 크다는 것도 틀린 말은 아니다. 2020년 근로소득 기준 상위 0.1퍼센트

집단은 평균 총급여가 약 8억 3000만 원이었고 평균 근로소득세 실효세율이 33.7퍼센트로 높았다. 상위 1퍼센트 집단은 평균 총급여가 약 2억 9000만 원, 평균 근로소득세 실효세율이 25.5퍼센트였다.

반면 최상위 소득계층을 제외하면 고소득층조차 소득세를 너무 적게 낸다. 상위 10퍼센트의 경계는 총급여가 약 7800만 원인데 근로소득세 실효세율이 6.5퍼센트이고, 상위 20퍼센트 경계는 총급여가 약 5600만 원인데 실효세율은 고작 3.9퍼센트였다. 총급여가 8000만 원에서 1억 사이는 실효세율이 8.1퍼센트, 그리고 6000만 원에서 8000만 원 사이는 5.4퍼센트로 낮아졌다 . 더 아래로 내려가면 소득세가 거의 없으며 근로소득세 면세자 비율도 2020년에도 여전히 37퍼센트로 다른 선진국보다 훨씬 높았다.

그러다 보니 소득상위 1퍼센트나 10퍼센트가 전체 소득세에서 차지하는 비중이 소득집중도를 고려해도 다른 나라보다 높은 것이 사실이다. 또한 과거보다 높아졌다고 하지만, 2020년 GDP 대비 한국의 개인소득세 비중은 약 5.3퍼센트로 OECD 평균 8.3퍼센트보다 많이 낮았다. 결국 "유리지갑"이라며 세금 떼가는 것에 화를 내지만 한국인들은 연봉을 몇 억씩 버는 소수를 제외하면 소득세를 정말 적게 내는 것이다.

이러한 현실은 물론 근로소득세에 수많은 공제들이 존재하여 실효소득세율이 낮기 때문이다. 실제로 소득세를 계산할 때 총급여에서 이미 근로소득공제를 빼고 근로소득금액을 계산하며 그 후에도 인적공제와 신용카드 사용액, 보험료, 그리고 주택자금 등 여러 소득공제가 있고, 세액이 산출된 이후에도 자녀교육이나 의료비 그리고 근로소득세액 공제 등 다양한 세액공제가 존재한다. 따라서 2017년 세금자료에 따르면 여러 공제로 인한 근로소득세 감면액이 근로소득세 세수의 1.7배에 달했다.

코로나19의 충격이 불평등을 심화시킨 상황에서 소득세 최고세율 증세는 필요하며 경제에 악영향을 주지도 않을 것이다. 실제로 최근 몇 년간 이자소득이나 배당소득과 같은 종합소득의 최상위 소득 집중도가 높아져 2019년 통합소득 상위 0.1퍼센트의 소득이 중위소득자의 60배를 넘고 하위소득자 약 628만 명의 소득보다 많은 현실이었다. 그러나 공평하고 정의로운 과세를 위해 정말 중요한 것은 상위 20~30퍼센트의 중상위층을 포함한 더 많은 이가 소득세를 더 내는 것이다. 조세재정연구원의 한 연구도 상위와 그 아래 구간들의 소득세를 함께 인상하는 것이 불평등 개선과 세수 증가에 더욱 효과적이라 보고한 바 있다.[11]

경기가 좋지 않은 현재 상황에서 쉽지 않은 일이겠지만 고령화로 인한 복지 확대에 대응하고 소득재분배와 공공투자 확대를 위해 증세 논의를 시작해야 할 것이다. 국제적으로 세율이 낮은 소비세 인상 논의와 함께 각종 공제를 줄여 소득세 실효세율을 높이는 노력이 필요하다. 앞으로 고령화와 함께 복지지출은 계속 증가할 것이고 기후위기와 산업의 전환을 배경으로 정부의 재정지출은 더욱 늘어나야 할 것이다. 이를 고려하면 중상위층 노동자의 실효근로소득세 부담을 높이고 면세자도 줄이는 소득세제의 개편이 바람직하다. 노동시장의 이중구조가 심각하고 소득격차가 큰 현실에서 소득세 실효세율의 인상은 불평등 개선에도 도움이 될 것이다. 공제로 인한 소득세 감면의 혜택이 고소득층에 집중되어 상위 10퍼센트 노동자의 세금감면 혜택이 하위 50퍼센트보다 두 배가 넘기 때문이다.

그러나 윤석열 정부에 들어서는 증세 대신 철 지난 낙수효과를 주장하며 감세의 방향으로 달려가고 있다. 정부는 법인세를 인하했을 뿐 아니라, 과세표준 구간을 상향하여 소득세 부담도 낮췄는데 이로부터 고소득층이 가장 큰 이득을 보았다. 문제는 증세를 주장하는 여론이나 정치가 한국사회 어디에도 잘 보이지 않는다는 것이다.

부자증세 시대가 온다

#분배와 성장을 위해 필요한 것은 감세가 아니라 증세다

불평등은 정치의 문제이며 그 치열한 싸움의 전장은 역시 세금이다. 80년대 이후 선진국들에서 보수정치의 득세와 감세의 물결은 불평등의 심화로 이어졌다. 최근 불평등에 대한 우려와 분노가 높아져왔지만, 세상은 크게 변하지 않았다. 하지만 코로나19 팬데믹이 정치적으로 쉽지 않은 증세를 실현하는 계기가 됐다. 재정확장으로 큰 정부가 귀환했고 증세의 시대가 열렸기 때문이다.

미국의 바이든 정부는 1.9조 달러의 경기부양책에 추가하여 2021년 이후 4조 달러에 달하는 기후위기 대응과 인프라 건설, 의료와 보육 등에 관한 공공투자 계획을 추진했다. 이로 인한 막대한 재정적자를 메꾸기 위해 증세 계획도 내놓았다. 그 대상은 역시 부자와 기업이었다. 트럼프가 인하한 법인세와 최고소득세율을 인상하고, 상속세를 강화하며 자본이득세를 인상하겠다는 것이 복안이었다. 이러한 지향은 불황과 불평등을 극복하기 위해 정부가 직접 돈을 쓰고 그를 위해 부자에게 세금을 더 걷겠다는 이야기였다. 무엇보다 팬데믹이 심화시킨 불평등이 부자증세를 정당화했다. 코로나19의 충격에도 고소득층은 타격을 받지 않았고 고통은 저소득층에 집중되었으며, 특히 자산가격의 상승으로 부자들은 더 부자가 되었기 때문이다.

지난 40년 동안 득세했던, 감세를 지지하던 보수적 경제학의 논리도 무너지고 말았다. 보수파는 세금을 높이면 노동과 투자에 대한 유인에 악영향을 미쳐 성장을 저해할 것이라 소리를 높였다. 감세로 인한 소위 낙수효과가 모든 이에게 도움이 될 것이라는 주장이다. 이러한 경제학을 믿으며 선진국은 평균적으로 1981년 62퍼센트에서 2015년 35퍼센트로 최고소득세율을 인하했다. 그러나 경제성장은 촉진되지 않았고 불평등은 악화되었다. OECD 18개국의 주요 부자감세 사례를 분석한 최근의 국가 간 실증연구는 감세로 인해 성장이 촉진되었다는 증거가 없다고 보고한다. 감세는 상위 1퍼센트의 소득 집중도를 높여서 불평등을 악화시킨 반면, 성장과 실업에 미치는 효과는 없었다.[12]

그렇다면 부자증세가 불평등을 교정하고 재정지출을 지지해서 성장에도 도움이 될 수 있다. 이미 미국의 정가와 경제학계에서는 최고소득세율을 인상하고 거대부자들의 자산에 대해서도 누진세를 매기라는 목소리가 높아졌다. 문제는 세금을 얼마나 높이 올릴 수 있을까 하는 것이다. 최적의 최고소득세율에 관한 경제학에서 핵심은 세금이 높아질 때 최고소득층이 노동을 얼마나 덜 해서 과세대상소득이 얼마나 줄어들 것인가를 의미하는 탄력성이다. 여러 연구가 이 탄력성이 별로 높지 않다고 보고했고, 앞서도 거론했듯 다이아몬드 교수는 미국의 최적 최고소득세율을 약 70퍼센트로 추정했다.

또한 피케티Thomas Piketty와 사에즈 교수 등은 높은 세금이 최고소득자들의 지대추구를 억제하기 때문에 노동공급만 고려한 경우보다 최고소득세율이 높아야 하며, 세금이 높으면 세전소득의 불평등도 줄어들 것이라 강조한다.[13] 최근 한국조세재정연구원의 연구는 한국에서도 최고소득층의 과세소득탄력성이 상당히 낮다고 보고했다. 이는 우리에게도 현재 수준보다 더 높은 최고소득세율이 최적임을 시사하는 것이다.[14]

실제로 역사를 돌아보면 경제성장률이 높았고 불평등은 낮았던 1950년대에 미국의 최고소득세율은 90퍼센트가 넘었고 1970년대에도 70퍼센트였다. 한국도 1970년대 박정희 정부 때 70퍼센트까지 높아졌고 1980년대에도 50퍼센트대였다. 이후 감세로 세율이 계속 낮아져왔지만, 2020년 문재인 정부는 최고소득세율을 45퍼센트까지 인상했다. 이자나 배당 같은 종합소득에서 상위 0.1퍼센트의 집중도가 최근 몇 년간 높아졌음을 고려하면 최고소득세율을 더 인상하는 노력이 요구되고 있다. 또한 세수(조세수입)와 재분배 효과를 고려하면 과도한 소득세 공제를 축소하여 광범위한 중상위층까지 포함하는 증세를 추진해야 한다.

피케티는《자본과 이데올로기Capital et idéologie》에서 사회는 저마다 불평등을 정당화하는 이데올로기를 만들어내며 모든 사회의 역사는 이데올로기 투쟁의 역사라고 썼다. 그는 또한 불평등 변화의 주된 원인이 정치라는 것을 생생하게 보여주었다. 바야흐로 '자본주의의 심장' 미국에서 세금을 둘러싼 이데올로기 지형이 급격히 변화했다는 점에 주목할 만하다. 물론 부자증세와 포스트코로나 시대 경제의 미래는 결국 정치에 달려 있을 것이다. 실제로 바이든 정부는 정치적 반대와 난항 속에서 계획만큼 현실에서 계획했던 증세를 실현하지 못했다. 그럼에도 미국은 2022년 인플레이션감축법을 통해 이익이 10억 달러 이상인 대기업에 대해 실효법인세율을 최소 15퍼센트 적용하고 탈세에 대한 규제를 강화하기로 했다. 이와 정반대 방향으로 나아가고 있는 한국에 필요한 것은 역시 새로운 세금의 경제학과 증세를 위한 정치적 노력일 것이다.

공정한 경쟁과 능력주의

#출발선이 다른 경쟁에 공정은 없다

최근 수년 동안 공정을 주장하는 목소리가 한국에서 높았다. 예를 들어 2021년 6월 국민의힘 대표로 선출됐던 이준석 전 대표는 "미국과 같은 정글의 경쟁을 한국에 도입하고 싶다"며 공정한 경쟁을 내세웠다. 그의 공정은 보수파의 시각으로 시험과 같은 경쟁의 결과가 지위를 결정하는 능력주의에 기초한 절차와 형식의 공정이었다. 그럼에도 많은 청년이 당시 이러한 주장에 공감하며 고개를 끄덕였을 것 같다.

그러나 약육강식의 정글에서 동물의 종류가 다르듯이, 가정이 제각각인 아이들 사이에 경쟁이 정말로 공정하기는 아무래도 어려운 일이다. 당연한 일이지만 여러 연구가 아이들의 노력과 실력이 부모나 가정환경에 크게 영향을 받는다고 보고한다. 앞서 언급했듯, 실제로 어렸을 때 가난해서 받는 심각한 스트레스는 뇌의 발달을 막으며 임신한 엄마의 환경요인들이 아기가 태어난 후 건강과 소득에도 영

향을 미친다.[15]

따라서 불평등이 심각한 현실에서 공정한 경쟁이란 허구에 가깝다. 날 때부터 출발선이 다르고 또 누군가는 경기장에 서기도 힘든 상황에서 형식적 공정만 밀어붙이면 결과의 불평등이 더 심각해질 가능성이 크다. 게다가 자신의 실력과 노력으로 성공했다는 능력주의 신화는 불평등을 정당화할 것이다. 결국 경쟁지상주의와 시험에만 기초한 능력주의는 불평등의 세습과 기회 격차를 강화해 실질적 공정을 해칠 수 있다. 평등 없는 공정의 한계다. 진보가 공정 개념에서도 약자에 대한 배려와 결과의 평등을 강조하는 이유다.

물론 공정을 소리높여 외쳤던 수많은 청년이 집마다 수저가 다른 현실을 모르지는 않았을 것이다. 그럼에도 그들은 이미 불평등은 바꿀 수 없는 초기조건이니 '부모찬스' 같은 것 없이 마음껏 경쟁할 수 있도록 절차의 공정이라도 실현되기를 바랐던 것은 아닐까? 이는 역시 지난 문재인 정부가 공정을 강조했음에도 불구하고 청년들이 보기에 반칙 같은 경우들이 더러 있었기 때문이다. 또한 정부가 세심한 정책을 통해 현실의 불평등을 개선할 수 있다는 희망과 믿음을 주는 데 실패했다는 사실과도 관련이 컸다.

지위의 배분 과정에서 형식적 공정에 대한 요구가 최근 더욱 강해진 것은 어찌 보면 불평등이 심하고 과거에 비해 성장과 상향이동의 기회가 줄어든 현실을 반영하는 것일 수 있다. 그렇다면 결과의 불평등이 형식적 공정을 주장하는 목소리를 강화하고 형식적 공정이 다시 결과를 더 불평등하게 만드는 악순환이 나타날 우려조차 존재한다. 진보세력은 이러한 악순환을 깨고 결과와 기회의 불평등을 개선하기 위해 더욱 적극적으로 노력해야 할 것이다. 특히 형식만의 공정을 때로는 억제하는 것이 어떻게 모두에게 더 나은 결과를 가져올 것인지 청년들을 설득해야 하는 과제를 안고 있다.

한편, 우리는 능력주의를 무조건 비판하고 배척할 것이 아니라 사회 전체에 확장하는 노력도 중요하다는 것을 잊지 말아야 한다. 우리 사회에서 공정한 경쟁이나 능력주의 논의는 흔히 대학입시나 입사와 같은 시험과정에 집중되어 나타났다. 그러나 더 중요한 것은 시험을 넘어 일상의 노동과 삶에서 노력하고 기여한 만큼 대가를 받는 제대로 된 능력주의일 것이다.

안타깝게도 불평등과 같은 한국의 여러 문제가 상당 부분 일터와 시장을 포함한 여러 영역에서 정작 공정과 능력주의가 부족하다는 사실에 기인한다. 예를 들어 비슷한 일을 해도 노동자의 지위에 따라 임금이 크게 차이가 나고 생산에 대한 기여와 보상이 일치하지 않는 경우가 많다. 재벌기업들이 하청기업을 힘으로 억누르고 상속을 위해 계열사에 일감을 몰아주는 것도 시장의 관점에서 볼 때 공정하지 않은 일이다.

이러한 현실을 바꾸기 위해서는 상위계층의 공고한 캐슬 안에 들어가는 좁은 성문을 통과하는 데만 공정한 경쟁을 요구하는 것을 넘어서야 한다. 캐슬 안팎을 포함한 사회 모든 곳에서 전면적으로 공정과 능력주의가 제대로 작동하기를 요구하는 목소리가 꼭 필요한 것이다. 나아가 국제적으로 높은 수준인 고소득층의 몫이 과연 정말로 그들의 능력과 공정한 경쟁에 기초한 것인지에 관해서도 근본적인 질문을 던져야 한다. 이는 부자들이 장악한 정치와 독점과 기득권의 지대추구에 대한 비판, 그리고 과도한 연공급으로 대표되는 임금구조와 공공부문의 개혁에 관한 논의들로 이어질 수 있을 것이다.

이준석 전 대표는 당시 누구나 교육을 통해 공정한 경쟁의 출발선에 설 수 있는 세상을 꿈꾸고 이를 위해 공교육을 강화하겠다고 이야기했었다. 그러나 진정으로 공정한 경쟁을 위해 무엇이 필요한지, 우리에게 과연 어떤 공정이 필요한지는 모두가 고민해야 할 일이다. 무엇보다 수년간 뜨거웠던 공정 논란이 협소한 시험의 공정을 넘어 기득권을 깨는 전면적인 공정으로, 그리고 평등과 함께 가는 공정으로 발전되기를 기대해본다.

바이러스 위험보다 무서운 것

#한 사회는 그 사회의 가장 약한 고리만큼 강하다

코로나19가 처음 발생하고 약 2년이 지난 2021년 11월 남아프리카 공화국에서 전염성이 매우 높은, 코로나19 바이러스의 새로운 오미크론 변이가 발견되어 확산 중이라고 보고되었다. 이 변이는 아프리카 남부에 많은 후천성면역결핍증 환자의 체내에서 계속 변이된 것으로 추측되었다. 아프리카에서 바이러스의 변이가 나타난 것은 나쁜 보건상황 그리고 백신접종률이 크게 낮은 현실과 관련이 깊었다. 실제로 코로나19의 여러 변이가 백신접종률이 낮은 개도국들에서 발생했다. 남아프리카 공화국의 코로나19 백신접종 완료율은 2021년 11월 말 약 24퍼센트로 세계 평균인 약 43퍼센트보다 낮고, 다른 아프리카 국가들은 그보다 훨씬 더 낮아서 아프리카 전체는 약 7퍼센트에 불과했다.

가난한 국가들은 백신을 구입하기도 어려워서 당시 아프리카에는 전체 백신의 약 3퍼센트만 공급되었다. 2021년 말 전 세계 백신의 대부분은 선진국들에서 접종되었고 이들은 인구의 몇 배 분량을 쌓아놓았다. 당시 선진국의 부스터샷 접종 수가 가난한 국가의 총 접종 수보다 두 배에 이르는 실정이었다. G7과 유럽국가들은 2022년까지 약 18억 회분의 백신을 가난한 국가들에 기부하기로 약속했지만, 2021년 10월까지 실제로 기부한 백신은 약 2억 6000만 회분에 불과했다. 따라서 세계적인 차원에서 백신불평등을 해결하고 가난한 나라에 백신 접종을 확대하기 위한 노력이 모두가 안전해지기 위해 꼭 필요하다는 목소리가 높아졌다. 그러나 백신의 지적재산권을 유예하자는 주장들이 나오기도 했지만 진전이 크지 않았다.

문제는 백신불평등만이 아니었다. 잊지 말아야 할 것은 소득불평등 자체가 코로나19 팬데믹의 확산에 중요한 요인이었다는 점이다. 여러 연구가 나라와 지역에 따라 상이한 코로나19의 확산에 어떤 요인들이 영향을 미치는지 분석해왔다. 흔히 소득 수준이나 고령자의 비율이 중요할 것 같지만 실제 데이터를 보면 뚜렷한 연관이 없었다. 정부의 봉쇄정책의 강도도 큰 영향을 미치지는 않았다. 그렇다면 과연 어떤 요인이 중요했을까? 미국의 주별 자료를 사용한 한 실증연구는 41개나 되는 변수들을 검토했는데, 놀랍게도 다른 중요하게 생각되던 변수들은 설명력이 없었고 소득불평등이 코로나19로 인한 사망률에 가장 중요했다고 보고했다.[16] 그 밖의 변수를 보면 인구밀도와 인구당 요양원 환자 수가 중요한 요인들이었다. 국가 간에는 여러 차이가 있어서 더욱 복잡하겠지만, 국제적 비교를 수행한 다른 연구도 지니계수가 높은 국가가 코로나 사망률이 더 높다고 보고했다.

그렇다면 소득불평등이 어떻게 더 높은 코로나 사망률로 이어졌던 것일까? 먼저 불평등이 높으면 평균수명이 짧고 비만 등으로 건강 상태가 나빠진다고 보고되듯 코로나 이전에 불평등한 지역의 건강이 나빴을 가능성이 크다. 또한《이코노미스트The Economist》가 지적하듯 불평등이 심각한 지역에서는 노동자들의 권리와 협상력이 약해서 전염병에 대응하여 작업장에서 안전을 위한 여러 조치를 도입하기 어렵다.[17] 가난한 노동자들은 주로 재택근무가 어려운 일자리에 종사해 코로나 사망률도 높았던 것이 슬픈 현실이다. 마지막으로 여러 연구가 사회적 신뢰 경로를 강조한다. 소득분배가 평등할수록 사람들 사이의 신뢰가 높아서 사회적 거리 두기 같은 방역 조치가 더 성공적일 수 있다는 것이다. 팬데믹에는 무엇보다 신속한 대응이 매우 중요한데, 심각한 불평등과 사회의 분열은 재난에 대처하는 정부의 제도적 역량도 악화시킬 수 있기 때문이다.

오미크론 변이바이러스가 처음 나타나서 확산되었던 남아프리카 공화국도 소득격차와 불평등이 세계에서 가장 높은 국가임을 잊지 말아야 한다. "한 사회는 그 사회의 가장 약한 고리만큼 강하다"는 말이 있다. 팬데믹을 완전히 극복하기 위해서도 약자를 돌아보고 불평등을 개선하기 위한 노력이 꼭 필요했을 것이다.

불평등과 싸우는 경제학은 어디에

#우리 시대가 극복해야 할 가장 중요한 과제

2019년 10월 미국의 저명한 경제연구기관인 피터슨국제경제연구소는 '불평등과 싸우기'라는 제목의 대규모 컨퍼런스를 개최했다. 이 회의에서는 거시경제학의 대가 올리비에 블랑샤르Olivier Blanchard를 필두로, 세계화와 경제발전 전문가 대니 로드릭, 기술혁신과 불평등 연구로 유명한 대런 아세모글루, 노벨경제학상 수상자 피터 다이아몬드, 오바마 정부 국가경제위원회 위원장이었던 로런스 서머스, 부유세 연구로 각광을 받은 이매뉴얼 사에즈 등 당대의 저명한 경제학자들이 모여 불평등에 대한 대응을 둘러싸고 열띤 발표와 토론을 했다.

컨퍼런스를 마친 후 블랑샤르 교수는 "이 컨퍼런스는 경제학자들이 정책개혁의 선두에 설 수 있다는 희망을 주었다"고 썼다.[18] 경제학자들은 과거에는 흔히 "그럴 재원이 없다", "증거가 충분하지 않다", "인센티브가 왜곡될 것이다" 등으로 이야기하며 불평등을 개선하는 정책에 반대했지만, 이제 그들의 역할에 관해 더욱 낙관적이 되었다는 것이다.

이 컨퍼런스가 보여주듯 불평등 문제는 이미 경제학에서 매우 중요한 연구주제가 되었다. 분배 문제에 무관심했던 과거와는 달리, 1990년대 이후 거시경제학은 불평등의 원인과 그 악영향에 관한 연구를 발전시켰다. 수많은 실증분석과 논쟁을 통해 확립된 경제학의 전반적인 컨센서스는 소득과 부의 불평등이 경제성장에 나쁘다는 것이다. 심각한 불평등은 저소득층의 교육투자를 저해해 생산성 상승을 가로막고 사회정치적 갈등을 심화시키기 때문이다. 이제 불평등이 통화정책의 전달경로나 효과와 어떤 관련이 있는지, 그리고 부채와 경기변동과 어떤 연관을 맺고 있는지에 관한 거시경제학 연구도 매우 활발하다.

이러한 경제학의 변화는 불평등이 심화되어 사회문제가 된 현실을 그대로 반영한다. 1980년대 이후 미국을 비롯한 많은 국가에서 소득불평등이 심화되었고 최근에는 국민소득에서 노동자들이 차지하는 몫이 감소해왔다. 특히 2008년 글로벌 금융위기 이후에는 불평등을 비판하는 시민들의 목소리가 커졌고 그에 맞서는 정치가 활발해졌다. 2011년 "우리는 99퍼센트다"를 외치며 금융위기에 책임이 큰 부자들을 비판하며 월가를 점령한 시위와 미국 민주당 대선후보였던 버니 샌더스Bernard Sanders 돌풍은 이를 잘 보여주었다. 바야흐로 불평등이 우리 시대가 극복해야 할 가장 중요한 과제가 된 것이다.

실제로 국제통화기금을 비롯한 국제기구들은 2010년대 중반 이후 성장의 과실이 시민들 모두에게 널리 퍼지는 포용적 성장을 강조해왔고, 각국 정부도 불평등을 개선하고 성장을 촉진하기 위한 여러 정책을 도입해왔다. 예를 들어, 미국의 오바마 정부는 글로벌 금융위기에 대응하여 저소득층에 대한 지원을 확대하고 행정명령을 통해 하청노동자의 권리를 강화하기 위한 노력을 기울였다. 또한 재정위기 이후 남유럽 국가들은 재정확장과 복지와 확대 그리고 부자증세를 통해 불평등의 개선을 추진했고, 캐나다의 트뤼도Trudeau 정부도 중산층 지원을 위한 다양한 정책과 상위 1퍼센트에 대한 증세를 도입했다.

아시아에서는 일본이 아베노믹스 2단계인 일억총활약계획 아래 비정규직의 처우를 개선하고 무상보육 등으로 복지를 확대했고, 중국 정부는 2012년 이후 최저임금을 인상하고 재정지출을 확대하며 불평등 개선과 내수에 기초한 소득배증계획을 실행했다. 영국과 독일도 꾸준히 최저임금을 인상하고 도입하여 빈곤과 소득불평등을 개선하는 성과를 거두었다. 문재인 정부의 소득주도성장도 실은 이러한 세계적인 흐름의 연장선상에 있었던 것이다.

그리고 보면 넓은 시각으로 볼 때 경제정책의 패러다임이 크게 변화했다고 할 수 있다. 1980년대 이후 주류가 되었던 보수적인 경제학, 즉 감세와 규제완화로 기업과 부자들의 소득이 증가하면 성장이 촉진되고 그 이득이 모두에게 퍼져나갈 것이라는 낙수효과 주장은 이제 힘을 잃고 말았다. 실제로 지난 50년 동안의 선진국들의 주요 감세정책을 연구한 한 실증연구는 감세가 불평등을 심화시키지만 성장을 촉진하는 증거가 없다고 보고한다. 사실 보수적인 경제정책이 득세하던 시기에 심화된 자본과 노동 그리고 부자와 빈자 사이의 불균형이 총수요를 억제하고 생산성에도 악영향을 미쳐 경제의 장기정체를 불러온 중요한 요인이었다. 이제 경제학도 정책결정자도 과거에 대한 반성에 기초해 이들 사이의 힘의 균형을 회복하기 위해 노력하고 있는 셈이다.

예를 들어 코로나19 팬데믹에 대응하여 각국은 엄청난 재정확장을 실시했는데 이는 노동자들이 소득과 일자리를 잃고 불평등이 심화되는 것을 막기 위한 노력이었다. 팬데믹 경제위기는 특히 케인스주의적인 큰 정부가 귀환하는 계기가 되었다. 경제학계에서는 글로벌 금융위기 이후에도 재정건전성을 강조하며 긴축을 지지하는 목소리가 컸다. 그러나 유럽 재정위기를 거치며 긴축의 재앙적 결과가 뚜렷해졌고 불황기 재정확장을 강조하는 주장이 경제학에서 대세가 되었다.

팬데믹은 현실에서 이러한 주장을 실현하는 무대가 되었다. 실제로 정부의 적극적인 재정지출 덕분에 전염병과 봉쇄로 인한 경제위기의 충격이 완화될 수 있었다. 특히 시장소득의 불평등은 악화되었지만, 한국도 그랬듯이 여러 국가에서 가처분소득 기준으로 소득분배가 개선되기도 했다는 점은 주목할 만하다.

그런 점에서 2022년 한국의 대선에서 불평등 문제가 쟁점이 되지 않은 것은 안타까운 일이다. 방역 과정에서 자영업자들에 대한 재정지원이 많이 모자랐는데도 국가부채비율 증가를 우려하는 목소리가 여전히 컸다. 새 대통령은 성장과 복지의 선순환을 이야기했지만, 빈곤층에 대한 몇몇 지원 확대 외에는 불평등을 구조적으로 해결하기 위한 노력을 찾아보기 어렵다. 오히려 새 정부가 고장난 레코드판과 같은 낡은 경제정책으로 회귀하여 불평등이 더 악화되지 않을까 걱정스럽다.

이는 세계적인 변화와도 배치되는 것이다. 코로나 이후 바이든 정부는 노동조합의 활동을 강화하는 법안과 함께, '더 나은 재건'이라는 구호 아래 어린이의 무상교육을 포함하는 1.8조 달러 규모의 사회복지 공공투자계획을 추진했다. 이와 동시에 1억 달러 이상 거대부자들에게 미실현 투자이익을 포함한 모든 소득에 대해 최소 20퍼센트의 소득세를 물리는 계획을 내놓기도 했다. 일본의 기시다 정부도 '새로운 자본주의'를 내세우며 취약한 노동자들의 임금인상과 하청기업의 단가인상을 대기업이 수용하도록 하는 정책을 추진 중이다.

과연 지금 한국에는 불평등과 싸우는 경제학과 정치가 어디에 있는지 질문을 던져봐야 할 것이다.

통화정책의 딜레마

#불황을 막아 서민을 도우려니 부자는 더 부자가 되는구나

2022년 세계경제의 가장 큰 우려는 뭐니 해도 인플레이션이었다. 3월 미국의 소비자 물가상승률은 전년 대비 8.5퍼센트나 높아져서 41년 만에 최고를 기록했고, 6월에는 9.1퍼센트까지 치솟았다. 한국도 4월 물가가 4.8퍼센트 높아졌고 7월에는 6.3퍼센트까지 높아졌다. 이에 대응하여 미 연방준비제도(이하 연준)는 금리를 급속히 인상했고 만기가 돌아오는 채권을 정산하는 방식으로 양적 긴축을 실시하며 엄청나게 풀었던 돈을 거둬들여왔다. 연준은 3월의 금리인상 이후 5월에는 기준금리를 0.5퍼센트포인트 인상하는 빅스텝, 7월부터 4회 연속으로 기준금리를 0.75퍼센트포인트 인상하는 자이언트스텝을 실시하며 기준금리를 급속하게 인상했다. 한국은행도 금리를 빠르게 인상했다.

금리인상과 같은 긴축적 통화정책에 대해 주식시장이 급락하는 등 금융시장이 민감하게 반응했다. 통화정책의 변화는 경기와 소득 분배에 심대한 영향을 미친다. 금리가 오르면 돈을 빌리는 비용이 높아지므로 투자와 소비가 둔화되고, 기업의 이익이 줄어들어 대출이 더욱 어려워진다. 금리상승으로 자산가격이 하락하면 부 효과(자산가격이 오르면 소비가 늘어나는 효과)가 마이너스가 되어 소비도 위축될 수 있다. 이렇게 경기가 둔화되면 일자리가 줄어들고 실업이 늘어나며 저소득층의 임금상승이 둔화된다. 또한 가계부채가 높은 현실에서 빚을 진 저소득층의 이자 부담은 더욱 무거워질 것이다.

따라서 긴축적 통화정책과 그로 인한 경기둔화는 소득분배에 악영향을 미칠 가능성이 크다. 진보적인 거시경제학자들이 연준이 급속하게 긴축으로 돌아서는 것에 대해 우려를 표명했던 이유다. 특히 이들은 급속한 금리인상이 팬데믹 이후 경제회복 과정에서 나타난 인플레이션 문제를 해결하는 데 별로 효과적이지 않을 것이라 지적했다. 인플레이션은 과도한 총수요보다 팬데믹으로 인한 글로벌 공급망 마비와 우크라이나 전쟁으로 인한 에너지와 곡물가격 급등과 관련이 컸기 때문이다. 금리인상을 한다 한들 중국의 봉쇄가 풀려서 컨테이너선이 태평양을 마음껏 항해하지는 않을 것이라는 이야기였다. 대신 이들은 몇몇 상품에 대한 가격통제나 물가상승으로 막대한 이윤을 번 독점기업에 대한 규제를 정책대안으로 제시했다.

그럼에도 장기적으로 기대인플레이션이 높아지고 임금상승과 물가상승의 악순환이 나타난다면 인플레이션 문제가 더욱 악화될 지도 모르니 연준이 손을 놓고 있기는 어려운 일이었다. 긴축적 통화정책이 현재의 인플레를 낮추는 데 한계가 크다 해도, 적어도 공급에 비해 상대적으로 수요를 억제할 수는 있기 때문이다.

중앙은행의 또 다른 우려는 급속한 인플레이션이 가난한 이들에게 더 큰 타격을 줄 수 있다는 점이었다. 이와 관련하여 2022년 4월 5일 연준 부의장인 브레이너드Lael Brainard의 연설이 큰 주목을 받았다. 그는 원래 확장적 통화정책을 강력하게 지지해온 비둘기파(금리를 낮추고 시중에 돈을 풀어 경기를 안정시키려는 성향)의 대표적인 인물이다. 그러나 그 연설은 인플레이션을 낮고 안정적으로 유지하는 것이 모든 이를 위한 경제와 노동시장을 위해 핵심적이라고 강조했다. 특히 저소득층에게 큰 악영향을 미치기 때문에 불평등에 미치는 효과를 고려할 때 인플레를 잡는 일이 시급하다고 지적했다.[19]

실제로 공식적인 물가상승률 수치보다 서민들의 장바구니 물가가 더 빨리 뛰어 소득계층에 따라 효과가 다른 '인플레이션 불평등'이 존재한다는 것은 잘 알려진 사실이다.[20] 이는 부자들에 비해 저소득층의 예산에서 생필품 소비가 차지하는 비중이 더 크기 때문이다. 예를 들어 미국에서 팬데믹 이후 저소득층의 예산에서 비중이 큰 가솔린이나 식료품 가격이 급등한 반면, 고소득층의 예산에서 비중이 높은 서비스 가격은 상대적으로 높아지지 않았다. 또한 이렇게 인플레이션이 불평등을 심화시키는 효과는 불황기에 더욱 커진다고 보고된다. 게다가 명목임금의 상승이 급속한 물가상승을 따라가지 못해서 전반적으로 노동자들의 실질임금은 오히려 줄어들었다.

결국 인플레이션이 급등하면 소득분배와 불평등이 악화될 가능성이 크고, 치솟는 물가를 잡지 못하면 시민들의 정치적 불만도 커질 것이다. 실제로 인플레 급등으로 인해 바이든 대통령의 지지율이 크게 하락했고, 어떤 정부도 인플레를 두려워하기 마련이다. 연준의 긴축적 통화정책은 얼마 전까지 경기부양을 통해 완전고용을 실현하고 저소득층의 임금을 높이겠다며 매우 확장적인 통화정책을 펴온 것과는 정반대의 모습이었다. 하지만 너무 높아진 인플레이션과 불평등 효과마저 고려하면 급속한 변신을 이해할 만도 했다.

이러한 연준의 급속한 정책변화는 불평등 문제와 관련해 중앙은행이 직면하는 통화정책의 딜레마를 잘 보여주는 듯하다. 소득분배와 관련된 중앙은행의 고민은 불황에 대응할 때도 뚜렷하게 나타난다. 글로벌 금융위기나 코로나19 경제위기 때 그랬던 것처럼 중앙은행은 경제위기에 맞서 금리를 낮추고 돈을 뿌리며 경제를 구해내고자 한다. 그러나 이러한 확장적 통화정책이 부자를 더욱 큰 부자로 만들었다는 비판의 목소리가 높다. 실제로 팬데믹 이후 경제봉쇄로 많은 사람이 일자리를 잃었지만, 양적완화를 배경으로 주식시장과 부동산시장은 급속히 상승했다. 이에 따라 2020년 제프 베조스와 일론 머스크의 순자산은 2100억 달러가 넘게 증가했고 전 세계 500대 부자의 순자산은 1.8조 달러나 늘어났다.

하지만 적극적으로 확장적 통화정책을 펴고 돈을 뿌려서라도 경제의 붕괴를 막지 않으면 심각한 불황으로 인해 저소득층 노동자들의 형편이 더욱 어려워지고 소득분배가 악화될 가능성이 매우 크다. 즉 중앙은행은 불황을 막고 경제를 살리는 과정에서 자산불평등이 높아지는 것과 불황이 심화되어 소득불평등이 악화되는 것 사이의 딜레마에 직면하는 것이다.

그렇다면 결과적으로 통화정책은 불평등에 과연 어떤 영향을 미칠까? 경제학자들은 실증연구를 통해 어렵지만 중요한 이 질문에 대답을 제시한다. 장기적인 자료를 사용한 연구들은 전반적으로 긴축적 통화정책이 경기를 악화시키고 임금상승을 둔화시켜 소득불평등을 심화시켰다고 보고한다. 하지만 유럽 국가의 상세한 행정자료를 사용한 최근 연구들은 확장적 통화정책이 저소득층의 노동소득과 함께 부자들의 자본소득을 크게 높였다고 보고한다. 특히 양적완화나 초저금리와 같은 정책은 심각한 경제위기와 불황을 막는 데 도움이 되었을 수도 있지만 이와 동시에 부의 불평등을 악화시켰다는 것이다.[21]

국제결제은행에 따르면 글로벌 금융위기 이후 중앙은행가들의 연설에서 불평등이라는 단어를 언급하는 경우가 크게 늘었다. 이는 한편으로 심화되는 불평등에 대한 비판을 중앙은행도 외면하기 어렵기 때문이었다. 한편으로는 오랫동안 저금리와 저인플레가 지속되어 인플레에 대한 중앙은행의 우려가 약해졌기 때문이었다. 그러나 바야흐로 상황은 크게 변했고 인플레의 급등에 직면하여 불평등에 관한 중앙은행들의 고민이 깊어지고 있다. 과연 긴축적 통화정책이 현재의 인플레이션 억제에 얼마나 효과적일 것인지는 두고 볼 일이다.

하지만 통화정책은 불평등에 대응하기에는 무딘 수단이며 소득분배 문제에는 재정정책이 더 큰 역할을 해야 한다는 것도 잊지 말아야 한다.

최저임금 인상은
어떤 효과를 낳았나

#최저임금 인상이 고용과 불평등에 미친 영향은

최저임금법 제1조는 최저임금은 '근로자에 대하여 임금의 최저수준을 보장하여 근로자의 생활안정과 노동력의 질적 향상을 꾀하기 위한 것'으로 규정한다. 이는 누가 보아도 선의의 정책이지만 지난 정부 때 가장 논란이 컸던 정책이다. 문재인 정부는 최저임금을 급속하게 인상했는데, 고용에 악영향을 미쳤다는 거센 비판에 직면했다. 그로 인해 여론이 나빠졌고 2020년 인상률은 2.9퍼센트, 2021년은 코로나19 위기를 배경으로 1.5퍼센트로 낮아졌고 2022년은 5.05퍼센트였다. 2021년과 2022년은 소비자물가상승률보다 낮아 실질최저임금 수준이 오히려 하락했다.

결국 문재인 정부 5년 동안 연평균 최저임금 인상률은 7.2퍼센트에 그쳐 박근혜 정부 때와 거의 같은 수준에 그쳤다. 2017년 당시 대선후보들이 대부분 2020년 혹은 2022년까지 시간당 최저임금 1만 원을 공약으로 내걸었던 것을 생각하면, 기대가 컸던 이들에게는 실망스러운 결과였을 것이다.

문재인 정부가 제시한 소득주도성장은 임금과 가계소득을 증가시켜 불평등을 완화하고 총수요와 성장을 촉진하겠다는 전략으로 국제노동기구가 제시한 임금주도성장의 한국판이었다. 이는 외환위기 이후 오랫동안 노동소득분배율이 하락하고 불평등이 악화되어 소비가 위축되고 성장의 기반이 약화된 현실에 대한 반성에 기초한 것이었다.

최저임금 인상은 소득주도성장을 실현하기 위한 핵심적인 정책이었다. 실제로 한국의 거시경제를 대상으로 시계열 실증분석을 해보면 최저임금 인상률이 노동소득분배율에 통계적으로 매우 유의한 영향을 미친다는 것을 알 수 있다. 또한 2016년 중위임금의 3분의 2 미만을 받는 저임금근로자 비중이 약 24퍼센트로, 다른 선진국들보다 훨씬 높았고 임금불평등도 심각했던 현실은 최저임금 인상의 근거가 되었다.

그러나 2018년 급속한 최저임금 인상이 가져다준 결과는 엄청난 논란이었다. 무엇보다도 2018년 고용 증가가 이전에 비해 크게 줄어든 약 10만 명에 그쳤는데 많은 학자와 보수언론은 이를 주로 최저임금 인상의 악영향 때문이라고 주장했다. 또한 가계동향조사에 따르면 2018년 1분기 이후 가구소득의 불평등이 크게 악화되었는데 이것도 최저임금 인상 탓이라는 비판이 쏟아졌다.

하지만 과연 최저임금 인상이 고용과 불평등을 악화시켰을까? 먼저 고용변화는 인구변화와 경기나 산업의 변화 등을 함께 고려해야 한다. 2018년 고용증가의 둔화는 그해부터 시작된 생산가능인구의 감소와 관련이 컸고 인구변화와 비교한 일자리 증가는 전년보다 낮아졌지만 2015년과 비슷한 수준이었다. 2018년 고용률과 실업률은 나쁘지 않았고, 2019년에도 최저임금이 높이 인상되었지만 고용은 오히려 약 30만 명 증가했다. 음식숙박업과 같이 최저임금의 영향을 많이 받는 산업의 고용은 2016년 사드 배치 이후 중국 관광객의 감소로 계속 하락해왔다.

여러 경제학자도 최저임금 인상이 고용에 미친 영향에 관해 실증분석을 발전시켰다. 실제로 몇몇 실증연구들은 최저임금 인상이 고용에 상당한 악영향을 미쳤다고 주장했다.[22] 그러나 많은 요인을 통제하고 다른 방법론을 사용한 연구들은 그 영향이 뚜렷하지 않다고 보고했다.[23] 결국 최저임금 인상이 고용을 실제로 얼마나 많이 감소시켰는가를 둘러싸고는 상반된 연구결과와 논쟁이 존재한다.

최저임금 인상이 불평등에 미친 효과도 마찬가지다. 분기별로 발표되는 가계동향조사는 2018년 샘플이 크게 변경되어 결과의 신뢰성에 관해 논란이 제기되었다. 하지만 이 조사를 보아도 노동자가구 내에서는 불평등이 개선되었다. 전체 가구의 불평등 악화는 주로 노인가구로 구성된 하위계층 비근로자가구의 소득이 크게 감소했기 때문이었다.

반면 신뢰성이 더 높은 가계금융복지조사 결과는 2018년 이후 처분가능소득 기준 가구소득불평등이 지속적으로 감소했음을 보여준다. 정부의 재분배기능을 고려한 가처분소득 기준으로는 2018년에서 2020년까지 가구소득 분배가 상당히 개선되었고 시장소득 기준으로도 2019년 가구소득의 지니계수는 2017년에 비해 약간 개선되었다. 한국노동패널 자료를 사용한 부경대학교 황선웅 교수의 연구에 따르면 최저임금 인상은 하위가구의 소득을 높여 가구소득불평등을 감소시키는 데 기여했다.[24]

특히 최저임금 인상을 배경으로 노동자들 사이의 임금불평등은 크게 개선되었다. 고용형태별근로실태조사에 따르면 저임금근로자 비중이 2020년 16퍼센트로 크게 낮아졌고 하위 20퍼센트 임금 대비 상위 20퍼센트 임금 배율도 2020년 4.35로 낮아졌다. 또한 소득주도성장이 목표한 바와 같이 전체 국민소득에서 임금이 차지하는 비중인 노동소득분배율도 2018년 이후 높아졌다.

이를 고려하면 소득주도성장에서 적어도 소득주도 부분은 성과가 작지 않았다고 할 수 있다. 최저임금 인상은 소득불평등, 특히 임금불평등을 개선하고 임금몫을 높이는 데 중요한 역할을 했던 것이다. 물론 투자의 부진으로 성장은 별로 촉진되지 못했다. 이는 2018년 이후 세계 반도체산업의 호황이 끝나고 미중 무역갈등이 심화되어 설비투자가 감소했고 건설투자도 급감했기 때문이다.

노동소득 증가와 불평등 완화가 총수요 부진을 막을 수 있다고 해도 그것이 성장으로 바로 이어지기는 쉽지 않은 일이다. 소득주도에 의한 성장 효과는 장기적이고 구조적으로 나타날 것이기 때문이다. 따라서 단기적으로 경기후퇴에 대응하고 성장을 촉진하기 위해서는 정부의 적극적인 재정확장과 경기관리가 필요했을 것이다. 정부가 2018년 대규모 초과세수로 인한 결과적인 재정긴축으로 이에 실패했던 것은 아쉬운 일이다.

요컨대, 최저임금 인상에 관한 당시의 뜨거운 논란은 부작용을 과장한 측면이 컸다. 그럼에도 2018년의 최저임금 인상은 적어도 영세한 자영업자와 중소기업에게는 큰 충격으로 다가왔을 것이다. 경기가 둔화되는 시기에 이루어진 최저임금의 가파른 인상이 약자들 사이의 갈등만 부추긴다는 비판은 뼈아픈 지점이었다.

돌이켜보면 이들이 받은 충격을 최소화하기 위해 최저임금 인상폭을 낮추고 꾸준히 인상하는 편이 나았을 것이다. 무엇보다 최저임금의 인상과 함께 꼭 필요했던 적극적인 거시경제관리, 그리고 최저임금 인상의 부담을 대기업과 프랜차이즈 기업 등이 함께 지도록 하는 노력은 부족했다. 급속한 최저임금 인상으로 최저임금 미만을 받는 노동자들의 비중도 2017년 13.3퍼센트에서 2019년 16.5퍼센트로 높아졌다. 2021년에도 15퍼센트가 넘는 약 322만 명이 최저임금보다 낮은 임금을 받았는데 2022년에는 그 수치가 조금 낮아져 약 13퍼센트였다. 이는 현장에서 최저임금을 준수하기 위해 여전히 할 일이 많다는 것을 의미한다.

한편 윤석열 정부는 2023년 최저임금을 전년도와 비슷한 수준인 5퍼센트 인상했다. 많은 사람이 새 정부는 경제개입을 반대하고 시장과 자유를 강조하여 불평등 개선에 대한 의지가 약할 것이라는 우려를 제시한 바 있다. 그러나 대통령은 취임사에서 자유시민이 되기 위해 일정 수준의 경제적 기초가 보장되어야 하며 이를 위해 사회가 연대해서 도와야 한다고 말했다. 대통령은 자신의 말을 잊지 말아야 할 것이고, 정부는 최저임금이 그러한 자유를 보장하기 위해 효과적인 수단임을 잊지 말아야 한다.

법인세 감세가
서민에게 도움 될까

#법인세를 낮추면 기업이 투자를 늘리고 고용이 증가할까

2022년 6월 16일 발표된 새 정부의 경제정책 방향은 민간주도의 성장을 강조하며 구체적인 수단으로 법인세와 종합부동산세 등의 세안을 제시했다. 윤석열 대통령은 법인세 감세가 '부자 감세'라는 지적이 있다는 질문에 대해 "정부 정책의 목표는 중산층, 서민"이라며 "기업이 제대로 뛸 수 있게 해줌으로써 시장 메커니즘이 역동적으로 돌아가게 만드는 게 중산층과 서민에게 큰 도움이 된다"고 말했다.

과연 그럴까? 법인세 감세가 서민에게 도움이 되어 불평등도 개선할 수 있다는 주장으로 경제학 논문을 쓴다면 학계의 큰 주목을 받을지도 모르겠다. 이러한 결론은 역사적인 경험과 여러 연구결과를 뒤집는 것이기 때문이다.

기업과 부자의 세금부담을 줄이면 투자와 성장이 촉진되고 모든 국민이 잘살게 될 것이라는 주장은 '낙수효과 경제학'이라 불린다. 이는

1980년대 미국의 레이건 정부와 영국의 대처 정부가 도입한 보수적인 경제정책의 배경이 되었다. 레이건은 심지어 너무 높은 세금이 경제활동을 위축시켜 세수를 줄일 테니 감세가 오히려 세수를 증가시킬 수 있다고도 주장했다. 아서 래퍼Arthur Laffer가 식당에서 냅킨에 그렸다는 소위 '래퍼 곡선'과 같은 주장이다. 이 곡선은 뒤집어진 U자 모습을 띄는데 이에 따르면, 세율이 낮을 때 세율이 높아지면 세수가 커지지만 세율이 높을 때 세율이 높아질수록 세수가 줄어든다. 물론 이게 "말도 안되는 주술경제학"이라는 비판의 목소리가 높았다. 한국에서는 법인세 최고세율을 25퍼센트에서 22퍼센트로 인하한 이명박 정부가 이러한 신념을 대변했고 줄푸세(세금은 줄이고, 규제는 풀고 법질서는 세우자는 뜻의 줄임말)를 주장한 박근혜 정부까지 이어졌다.

문제는 낙수효과의 증거가 미약하며 그런 경제정책이 오히려 경제에 악영향을 미칠 수 있다는 것이다. 1980년대 이후 이러한 정책들을 도입한 미국과 영국에서 투자와 성장은 촉진되지 않았고 불평등은 크게 심화되었다.

낙수효과를 지지하는 이들은 법인세를 낮추면 기업이 투자를 늘리고 고용이 증가할 것이라고 역설한다. 그러나 법인세 인하가 투자에 미치는 영향은 뚜렷하지 않다. 트럼프 정부가 2018년 법인세를 35퍼센트에서 21퍼센트로 크게 인하한 이후 여러 분석이 제시되었는데, 대부분은 그 정책이 투자를 촉진하지 못했다고 보고했다.[25] 다른 여러 실증연구를 보아도 법인세 인하의 투자촉진 효과를 지지하는 증거가 명확하지는 않으며 논쟁이 계속되고 있다. 무엇보다 기업의 투자에는 미래의 경제상황과 매출 변화 등 다른 요인들이 큰 영향을 미치기 때문이다.

한국의 경험도 비슷하다. 이명박 정부의 법인세 감세 이후 기업의 투자는 별로 늘어나지 않았고 고용증가는 미미했던 반면 대기업들의 이윤은 증가했다. 예산정책처에 따르면 2008년 법인세 인하 이후 2009년부터 2012년까지 4년간 기업들이 절감한 법인세는 총 26조 7000억 원에 달했다. 그러나 동기간 동안 투자 증가는 이전 4년간에 비해 증가하지 않았고 고용률도 높아지지 않았다. 또한 감세로 인해 대기업의 법인세 실효세율 하락폭이 훨씬 더 커서 감세의 이득은 대기업에게 집중되었다.

한국 기업들을 대상으로 한 실증연구들도 법인세의 투자효과에 관해 상반된 결과들을 보고한다.[26] 몇몇 연구는 법인세 인하가 기업의 투자를 촉진한다고 보고했지만 다른 연구들에 따르면 그 영향이 통계적으로 유의하지 않았다.[27] 특히 기업자료를 사용한 연구들은 거시경제적 효과를 잡아내기 어렵다는 한계도 지적되어야 한다. 거시적으로 볼 때 법인세 인하가 재정지출을 제약하거나 불평등을 심화시켜 총수요를 억제한다면 오히려 성장과 투자에 간접적으로 악영향을 미칠 수 있기 때문이다.

실제로 선진국 18개국의 50년 동안의 감세정책을 연구한 국가간 연구는 감세가 성장을 촉진하는 증거는 없고 불평등을 악화시켰다는 결과를 보여주었다. 또한 42개의 국제적 실증연구들을 함께 분석한 메타스터디에 따르면 법인세 인하가 성장률을 높이는 효과가 제로에 가까웠다.[28] 반면 법인세 인하는 기업의 이윤을 증가시키지만 주식은 대부분 부자들이 소유하고 있기 때문에 고소득자의 자본소득을 높여 불평등을 악화시킬 수 있다. 미국의 주별 데이터를 사용한 최근의 한 실증연구는 법인세 인하가 소득불평등을 심화시켰다고 보고한다.[29]

법인세 인하가 현실에서 성장률을 높이지 못한다면 세수감소를 낳아 서민에게 악영향을 미칠 가능성이 크다. 과거 이명박 정부가 재정건전성을 내세워 지출을 통제하고 서민을 위한 예산을 크게 늘리지 않은 중요한 이유로 부자감세가 지적되었다. 예산정책처에 따르면 이명박 정부 시기의 감세로 인해 2010~2012년 3년간 약 17조 5000억 원의 세수가 줄어들었다. 윤석열 정부의 감세도 마찬가지다. 2022년 11월 국회예산정책처는 법인세 최고세율을 25퍼센트에서 22퍼센트로 낮추기로 한 정부의 원래 법인세 인하계획으로 세수가 2023~2027년 누적 약 33조 원 감소할 것이라 보고했다.[30]

이러한 세수감소는 재정건전성을 강조하는 윤석열 정부의 기조와도 반대되며 특히 다른 증세가 이루어지지 않을 경우, 사회복지 지출을 제약하고 불평등을 심화시킬 것이다. 새 정부의 원래 법인세 인하계획의 혜택을 보는 기업은 신고기업의 약 0.01퍼센트인 103개의 극소수 대기업이었다. 거센 비판을 배경으로 결국 국회에서 여야는 2022년 12월에 2023년 법인세를 모든 구간에서 1퍼센트포인트씩 낮추기로 합의했다.

한편 윤석열 대통령은 다른 선진국들보다 한국의 법인세가 높다는 것을 법인세 인하를 추진하는 이유로 들었다. 실제로 중앙정부의 법인세 최고세율은 G7 국가 중 프랑스 다음으로 높고 OECD 국가 중에서도 높은 편이다. 그러나 지방세까지 포함한 법인세율은 한국이 G7 국가 평균과 비슷하며 독일이나 일본이 한국보다 높다는 것을 잊지 말아야 할 것이다.

사실 기업에 중요한 것은 명목세율이 아니라 기업의 이윤과 비교하여 법인세를 얼마나 내는지를 보여주는 실효세율이다. 법인세 실효세율은 각종 세금공제로 인해서 명목세율보다 낮은데 국제적으로 비교하기가 매우 어렵다. 그러나 버클리대학교 주크만Gabriel Zucman 교수 등은 최근 150개국의 자본과 노동에 대한 실효세율 장기데이터를 발표했다.[31] 이에 따르면 2018년 한국의 자본에 대한 실효세율은 역시 G7 국가 중 중간 수준이었다. 법인세가 조금 높다 해도 다른 국가로 기업이 쉽게 옮겨가지 않겠지만, 법인세 부담이 국제적으로 크다는 것도 분명 사실이 아니다.

낙수효과라는 말은 미국의 코미디언 윌 로저스Will Rogers 가 1932년 대선에서 루스벨트에게 패배한 공화당의 후버 대통령을 비판하는 칼럼에서 처음 썼다. 대공황 시기 공화당 정부는 돈이 아래로 흘러가길 바라며 부자들에게 소득을 집중시켰다. 그러나 그는 기술자였던 후버가 물이 아래로 흐르는 것은 알지만 돈은 사실 아래에서 위로 흐르는 것을 모른다고 꼬집었다. 1980년대에 되살아났지만 실패하고 말았던 이 낡은 아이디어가 한국의 새 정부에서 다시 등장한 것은 보수의 사상과 정책의 빈곤을 보여주는 듯하다. 대통령은 법인세 감세에 관해 물어보는 기자들에게 "그럼 하지 말까?"라고 반문했다고 한다. "하지 마시라"고 대답해주고 싶다.

기후변화 재난은 누구의 책임인가

#재난은 가장 낮은 곳의 사람들을 가장 먼저 덮친다

2022년 8월 8일 중부지방의 폭우로 14명이 사망하고 2명이 실종되었다. 특히 고층아파트에 사는 대통령이 집에서 나오지 않고 있던 시간에 신림동 반지하에서 살던 일가족 3명이 목숨을 잃어 안타까움을 던져주었다. 전문가들은 이번 집중호우가 최근의 기후변화와 관련이 크다고 지적한다. 역대급 폭우라고 하지만 이제 폭우와 폭염, 그리고 가뭄과 같은 극단적인 기상현상이 더 자주 닥쳐올 것이다.

2021년 8월 IPCC(기후변화에 관한 정부간 협의체)가 발표한 제6차 평가보고서에 따르면 2019년의 대기 중 이산화탄소 농도가 200만 년만에 최대를 기록했다. 이 보고는 산업화 이전에 비해 지구 평균기온의 1.5도 상승 시점을 2016년 보고서가 예측한 2052년 이전보다 앞당겨 2040년 이전으로 예측했다. 실제로 2011년에서 2020년까지 지구 평균기온은 산업화 이전보다 1.1도 높아졌다. 한국은 그보다 높아서 최근 100년 사이에 1.8도나 올랐다.

기후변화는 더 많은 재난으로 이어진다. 그러나 코로나19도 그랬듯이 재난은 평등하지 않다. 기후위기로 삶의 터전이나 목숨을 잃는 이들은 분명 더 취약하고 가난한 이들이기 때문이다. 2022년 2월 발표된 '기후위기의 영향, 적응 그리고 취약성'이라는 부제를 단 IPCC 6차 평가보고서 제2실무그룹 보고서는 기후변화라는 재난의 불평등한 영향을 과학적으로 보여주었다.[32] 이에 따르면 저소득층, 사회적으로 소외된 이들 그리고 노인과 여성 등이 기후변화에 가장 취약하다. 예를 들어 세계 인구의 약 절반이 기후위기에 취약한 나라들에 살고 있는데 이는 중남미, 아프리카, 남아시아 등 대부분 가난한 나라다. 또한 지난 10년 동안 홍수, 가뭄 그리고 태풍으로 인한 사망위험은 취약한 국가들에서 15배나 더 높았다.

대표적인 기후변화 재난인 폭염은 생명을 위협한다. 기온이 1도 올라가면 사망률이 5퍼센트 높아진다는 연구가 있을 정도다. 그러나 그 영향은 나라마다 크게 다르다. 40개국의 지역자료를 분석한 시카고대학교 기후영향연구소의 연구는 2100년까지 전 세계에서 폭염사망률이 10만 명당 73명 높아질 것으로 보고한다.[33] 그런데 평균기온이 비슷한 경우 그 피해는 가난한 국가들에 집중된다. 실제로 가나의 아크라에서는 2100년 폭염사망률이 10만 명 당 156명 증가하지만, 부자 국가인 싱가포르에서는 38명이 감소할 것으로 전망되었다. 이는 소득이 높은 지역에서는 건강과 폭염에 적응하는 냉방이나 노인 돌봄 서비스 등 건강과 안전을 위한 인프라 투자가 증가하지만 가난한 국가는 그렇지 못하기 때문이다.

2022년 폭우가 보여주었듯 불평등한 재난은 같은 나라 안에서도 마찬가지다. 폭염으로 인한 사망 위험에 크게 노출된 이들은 야외작업을 해야 하는 일용직 노동자와 같은 저소득층과 가난하고 에너지빈곤층이 많은 고령인구 등의 취약계층이다. 실제로 서울 온도가 38.5도까지 오를 정도로 더웠던 2018년 폭염으로 인한 사망자가 163명이었다.

그 중 약 75퍼센트가 60세 이상의 고령층이었고 야외노동자와 저소득층의 비중이 높았다. 미국에서는 한해 폭염 사망자가 1500명이나 되는데 그 절반이 노숙인이라고 보고된다. 또한 가난한 이들이 고소득층보다 그리고 유색인종이 백인보다 더욱 높은 온도에 노출된다. 기후변화로 인한 태풍과 홍수, 가뭄 그리고 해수면 상승의 경우도 사회의 낮은 곳에 사는 취약한 이들이 더 큰 피해를 입을 것이다.

이제 불평등과 기후변화 사이의 악순환을 우려하는 목소리도 커지고 있다. UN 경제사회국의 한 연구는 불평등으로 인해 취약한 집단이 기후변화로부터 더 큰 고통을 겪고 그 결과 불평등이 악화된다고 강조한다.[34] 이는 가난하고 취약한 이들이 여러 종류의 기후변화의 악영향에 더 많이 노출되어 있고, 같은 정도의 노출에도 그들이 피해를 입을 확률이 더 크기 때문이다. 또한 이들은 피해를 극복하고 회복하는 능력도 취약하다.

하지만 기후위기의 책임은 정반대로 불평등하다. 온난화를 가져온 탄소배출의 분배는 세계적으로 그리고 국내적으로도 매우 불평등하다. 파리경제대학교 샹셀Lucas Chancel 교수의 연구에 따르면 2019년 전 세계 탄소배출량은 약 500억 톤으로 1인당 평균 6.6톤이었는데, 상위 1퍼센트는 1인당 110톤인 반면 하위 50퍼센트는 1.6톤에 불과했다.[35] 가장 가난한 10억 명은 1인당 1톤도 되지 않았다. 전 세계 상위 1퍼센트인 7700만 명이 전체 배출량의 약 17퍼센트, 상위 10퍼센트가 48퍼센트를 차지하고, 하위 50퍼센트 약 39억 명은 12퍼센트를 차지할 뿐이다. 이는 한편으로 소득 수준에 따른 각국의 탄소배출량 차이 때문인데, 북미는 1인당 평균 약 21톤인 반면 남아시아는 2.6톤 그리고 사하라이남 아프리카는 1.6톤이었다. 역사적으로도 산업혁명 이후 북미와 유럽이 전체 배출의 약 절반을 차지하고 중국은 11퍼센트, 사하라이남 아프리카는 고작 4퍼센트를 차지했다.

소득분배와 마찬가지로 탄소배출은 국내적으로도 불평등하다. 세계불평등데이터베이스에 따르면 미국의 2019년 상위 10퍼센트의 1인당 탄소배출량은 73톤이었는데 하위 50퍼센트는 9.7톤이었다. 한국은 2019년 1인당 15톤인데 상위 10퍼센트는 55톤, 상위 1퍼센트는 180톤에 달했다. 반면 중위 40퍼센트는 15톤, 하위 50퍼센트는 7톤에 불과했다. 따라서 전체 배출량 중 상위 10퍼센트가 약 3분의 1을, 상위 1퍼센트는 13퍼센트를 차지했다. 한편 1990년대 이후 탄소배출의 불평등은 국제적으로는 줄어들었지만 국내적으로는 더욱 커졌다. 1990년에는 전 세계 탄소배출 불평등의 63퍼센트가 국제적 차이 때문이었지만 2019년에는 정반대로 그만큼이 국내의 불평등 때문이었다.

최근의 변화를 보면 1990년에서 2019년까지 탄소배출량 증가의 21퍼센트를 상위 1퍼센트가 차지했고 하위 50퍼센트는 16퍼센트를 차지했다. 특히 1990년 이후 탄소배출이 세계적으로 1인당 평균 7퍼센트 증가했지만 불평등 심화와 함께 상위 1퍼센트의 배출량은 26퍼센트나 증가했다. 반면 여러 선진국 내에서 하위 50퍼센트의 배출량은 오히려 감소했다. 이 숫자들은 기후변화의 책임이 누구에게 있는지 생생하게 보여준다. 그렇다면 기후변화 대응의 부담도 부자 나라의 부자 시민들이 더 많이 져야 할 것이다.

한국은 선진국 중 온실가스 배출량이 가장 빠르게 증가하고 기후변화 대응이 미흡해 기후악당국가로 불린다. 이제 기후 재난이 그 책임이 제일 작은 가장 낮은 곳의 사람들을 가장 먼저 덮치고 있다. 이런 부조리한 현실에 맞서 공정하고 지속가능한 미래를 만들기 위해 필요한 것은 기후변화의 책임이 큰 이들에게 탄소배출을 줄이는 부담을 더 크게 지우는 일이다. 이는 결국 돈과 권력이 없는 이들의 싸움과 정치적 변화를 요구한다. 기후변화와 불평등 모두에 맞서는 정의로운 시민운동이 발전되어야 할 것이다.

그들이 임금상승을 우려하는 이유

#인플레이션, 언제 어디서나 계급과 분배 그리고 불평등의 문제다

'임금 인플레이션이 어디 있는가?'

2022년 12월 《파이낸셜타임스Financial Times》의 칼럼 제목이다.[36] 이 칼럼은 최근 인플레이션이 높지만 임금상승이 그보다 낮아서 실질임금이 하락했다고 지적한다. 여러 경제학자와 정책결정자들은 지금 1970년대 스태그플레이션 시기에 우려가 컸던 임금-물가 악순환을 걱정하고 있다. 이는 임금상승이 물가상승을 부추기고 다시 임금상승으로 이어져 물가가 계속 높아지는 현상이다. 그러나 필자는 정작 노동자들의 현실은 그렇지 않다고 꼬집었다.

실제로 국제노동기구의 〈세계임금보고서 2022~2023〉에 따르면 인플레이션이 심각했던 2022년 상반기 전 세계의 실질임금 상승률이 전년 대비 −0.9퍼센트를 기록해 2021년 4.5퍼센트에 비해 크게 낮아졌다. 오랫동안 임금상승을 주도해온 중국을 제외하면 −1.4퍼센트로 더 낮았다. G20 국가만 보면 선진국이 −2.2퍼센트였고 신흥개도국은 0.8퍼센트였다. 북미지역은 −3.2퍼센트를 기록했고 EU는 −2.5퍼센트였으며 중국을 포함한 아시아태평양 지역도 1.3퍼센트에 그쳤다. 특히 선진국에서는 노동생산성상승에 실질임금상승이 뒤처지는 격차가 2000년대 들어 가장 커져서 국민소득에서 차지하는 노동자들의 몫이 하락했다. 이 기관은 2023년에도 인플레가 6.5퍼센트로 예상되는 현실에서 임금이 빠르게 인상되지 못하면 노동자들의 생활 수준이 악화될 것이라 우려했다. 따라서 정부는 최저임금 인상 등을 위해 노력하고 취약계층의 생활비 지원을 위한 정책을 펴야 한다고 강조했다.

한국은 어떨까? 고용노동부의 사업체노동력조사에 따르면 2022년 상용근로자 1인 이상 사업체 전체근로자의 명목임금상승률은 전년 대비 4.9퍼센트로 소비자물가상승률 5.1퍼센트보다 낮아서 실질임금이 하락했다. 특히 300인 이상 사업체의 임금상승률은 6.1퍼센트였지만 300인 미만 사업체는 4.4퍼센트로 중소기업 노동자의 임금상승률이 더 낮았다. 한편 2022년 실질GDP 성장률은 2.6퍼센트를 기록했음을 고려하면 노동자들이 기여한 생산성상승과 비교해도 그들이 가져간 몫인 실질임금 상승률이 더 낮았다.

결국 앞서 지적했듯, 전 세계가 인플레이션으로 인해 실질임금 하락을 경험하며 노동자들이 고통을 받았다. 국제통화기금이 2022년 10월 발표한 〈세계경제전망〉 보고서도 임금-물가 악순환의 가능성이 낮다는 결론을 제시했다. 이 연구는 선진국들의 과거 사례들을 분석해 임금과 물가가 동시에 상승하는 경우가 있었지만 지속되지는 않았다고 보고했다. 특히 1979년 제2차 석유파동과 같이 현재와 비슷한 사례를 보면 소비자물가가 일시적으로 높아졌지만, 금리인상으로 명목임금 상승이 억제돼 실질임금이 하락했다. 따라서 역사적 경험과 현재의 통화정책을 고려하면 임금-물가 악순환이 나타날 위험은 제한적이라는 것이다.

특히 과거와 달리 현재는 노동자들의 협상력이 낮아졌다는 현실을 잊지 말아야 한다. 2022년 5월 발표된 국제결제은행의 보고서는 80년대 이후 노조조직률이 계속 하락했고 인플레이션이 임금인상으로 자동적으로 이어지는 경우가 줄어들었다고 지적했다.[37] 미국의 임금협상에서 생활비 조정 조항이 임금협상에 반영되는 비율은 1970년대 말 약 60퍼센트에서 90년대 말 약 20퍼센트로 하락했다. 또한 최근의 여러 거시경제학 연구들은 "최근에는 실업률이 낮은데도 인플레이션이 높아지지 않아서 필립스곡선이 사라졌고, 노동자들의 협상력 약화로 노동소득분배율이 계속 하락했다고 설명한다. 국제통화기금도 팬데믹 이후의 인플레이션과 유사한 과거의 경험을 분석하며 임금-물가 악순환이 나타날 가능성은 희박하다고 보고했다.[38]

물가는 올라가는데 임금이 그만큼 오르지 않는다면 기업이 이득을 보기 쉽다. 실제로 미국에서는 팬데믹 이후 2022년 7월까지 인플레이션의 약 40퍼센트가 기업이윤의 증가 때문이었고 노동비용 상승의 몫은 약 22퍼센트였다. 그 이전 40년 동안은 노동비용 상승이 62퍼센트나 되는 영향을 미친 것과 반대다. 브레이너드 부의장도 한 연설에서 소매업과 자동차 판매업 등에서 기업의 수익성이 크게 높아졌다고 지적했다. 특히 1990년대 이후 산업의 독점 심화는 기업들이 인플레이션이 높아지는 시기에 자신의 상품 가격을 쉽게 올리고 이윤을 증가시킬 수 있도록 만들었다. 한국에서도 인플레이션이 높아지기 시작한 2021년 기업들의 수익성이 크게 높아졌고 최근 정유회사들은 큰 이익을 얻었다.

그렇다면 걱정해야 할 것은 오히려 이윤-물가 악순환이며 기업의 독점력과 과도한 이윤을 억제하는 노력이 필요할 것이다. 유럽 각국은 이제 막대한 이익을 벌게 된 에너지기업에 횡재세를 매기는 노력을 기울이고 있다.

문제는 임금-물가 악순환의 가능성이 낮다면 인플레이션을 억제하기 위한 급속한 금리인상이 잘못된 대응일 수 있다는 것이다. 중앙은행은 경제를 정체시켜 임금상승을 억제하려 하지만 긴축정책은 노동자에게 악영향을 미치고 장기적 성장도 저해할 수 있다. 특히 현재와 같이 팬데믹과 전쟁 등 공급측 요인과 서비스에 비해 내구재 소비가 크게 확대된 부문별 불균형이 인플레이션의 중요한 요인이라면 수요만 억누르는 긴축정책은 물가상승을 잡는 데도 한계가 클 것이다.

그럼에도 임금상승을 우려하는 목소리는 여전히 크다. 연준 의장 파월Jerome Powell은 2022년 11월 연설에서 명목임금 상승률이 너무 높기 때문에 인플레이션을 잡기 위해 노동시장의 수요와 공급의 균형을 회복해야 한다고 역설했다.[39] 미국은 2022년 말 임금상승이 둔화되었지만 2023년 1월 실업률이 3.4퍼센트까지 낮아졌을 정도로 노동시장이 매우 타이트한 상황이다. 이는 팬데믹 이후 건강과 육아

등의 이유, 그리고 과도한 조기퇴직 증가로 인한 경제활동참가율 하락과도 관련이 크다. 고령의 노동자들이 해고 이후 새로운 일자리를 찾지 못해 퇴직했고 자산가격 상승으로 일찍 퇴직하는 노동자들이 많아졌기 때문이다. 한국은행은 2021년 이후에는 국내에서도 중간재 비용과 임금이 동시에 높아지고 있어서 기업이 원가비용 상승을 흡수할 여력이 약화되어 임금상승이 가격에 전가되는 비율이 높아졌다고 보고한다.

과연 앞으로 임금상승이 높게 지속되어 물가를 자극할 것인지는 두고 볼 일이다. 그러나 실질임금이 하락하는데도 정책결정자들이 임금상승을 우려하는 것은 역시 거시경제학보다 정치경제학의 문제일 것이다. 한국의 경우처럼 높은 인플레 앞에서 임금상승을 억제하라는 이야기가 나오는 것은 아무래도 정부가 주로 기업을 대변하기 때문이다. 그러나 이는 노동자들의 삶을 악화시키고 저항을 심화할 것이다. 결국 인플레의 부담을 누가 질 것인가도 결국 계급 간의 갈등과 역관계에 달려 있다.

오래 전 경제학자 밀튼 프리드먼Milton Friedman은 인플레이션은 언제 어디서나 화폐적 현상이라 말했다. 그러나 우리는 인플레이션이 언제 어디서나 계급과 분배 그리고 불평등의 문제라는 것을 잊지 말아야 할 것이다.

사회적 연대가 약해져간다

#불평등을 넘어 서로 돕는 세상을 만들어야 한다

귀하는 다음의 주장에 얼마나 찬성 또는 반대하십니까?
"정부는 가난한 사람들에게 주는 혜택을 줄어야 한다."

한국종합사회조사에서 사람들에게 던지는 질문 중 하나인데, 관련하여 2021년에 발표된 조사결과가 큰 충격을 주었다.[40] 이 질문에 대해 반대하는 이들이 이전에 비해 크게 줄어들었기 때문이다. 전체 응답자 중 '다소 반대'와 '매우 반대'를 포함한 반대 비율은 2009년 78.3퍼센트에서 2014년 65퍼센트, 2021년 31.3퍼센트까지 낮아졌다. 찬성 비율은 2009년 9.7퍼센트에서 2014년 12.8퍼센트, 2021년에는 27.4퍼센트로 높아졌고, '찬성도 반대도 아니다'라는 응답 비율도 2009년 11.4퍼센트에서 2021년 41.2퍼센트로 높아졌다.

"소득격차를 줄이는 것은 정부의 책임이다"라는 질문에 대해서도 찬성 비율이 2009년 74.9퍼센트에서 2021년 53.6퍼센트로 낮아졌다.

혹시 코로나19 경험과 관계가 있을지도 모르지만 팬데믹의 영향은 불분명하다. 다른 조사에서는 팬데믹으로 소득이 줄어든 이들이 불평등 정도가 크다고 인식할수록 분배에 대한 정부의 책임이 크다고 응답하고 소득재분배에 더 많이 찬성했기 때문이다. '세계가치관 조사World Values Survey' 결과도 이미 팬데믹 이전에 이러한 결과가 나타났음을 보여준다.[41] 이 조사는 1981년부터 약 40년 동안 전 세계 사회과학자들이 참여하고 4~5년마다 결과를 발표하는데, 그 문항 중 하나로 "소득이 더 평등해야 한다고 생각하는가, 아니면 개인의 노력에 따라 더 차이가 나야 한다고 생각하는가"라는 질문을 던진다. 응답자들은 이에 대해 평등에 대한 찬성의 정도가 가장 높으면 1이고 그 반대가 10으로, 1에서 10까지의 척도로 대답한다.

2010년 실시된 한국의 6차 조사에서는 이 질문에 대해 1에서 4까지 대답해 '평등에 찬성'한 사람들의 비율이 23.5퍼센트였는데, 2018년 실시된 7차 조사에서는 그 비율이 반 정도로 크게 감소했다. 특히 1과 2라고 대답한 '강한 찬성'의 비율이 2010년 7.6퍼센트에서 1.2퍼센트로 대폭 줄어들었다. 반대로 7에서 10을 대답하여 '격차에 찬성'하는 비율은 6차 58.7퍼센트에서 7차 64.8퍼센트로 높아졌다. 국제적으로 비교해보면 한국인들은 다른 선진국들에 비해서도 평등보다 불평등을 찬성하는 비율이 훨씬 높게 나타난다는 것도 주목할 만하다. 또한 보건사회연구원의 〈사회통합 실태 진단 및 대응 방안 연구〉 보고서도 "소득격차를 줄이는 것은 정부의 책임"이라는 말에 대한 동의 정도가 2017년 이후 매년 감소하고 있음을 보여준다.[42]

이러한 조사결과는 2010년대 중반 이후 한국에서 정부의 저소득층 지원과 소득재분배에 대해 찬성하는 목소리가 약해져왔고 결과의 평등보다 격차를 지지하는 경향이 더 높아졌음을 시사한다. 한국종합사회조사는 한국인의 주관인 계층의식에 관해서도 질문하는데, 2년 단위로 실시한 이 조사결과에 따르면, 2014년 이후 주관적으로 스스로가 소득 상위계층이라 응답하는 비율이 계속 증가한 반면, 하위계층이라 응답한 비율이 하락했다. 객관적으로는 상하위 계층의 상대적 비율이 변하지 않기 때문에 이는 사람들의 생각 변화를 보여준다. 자신이 하위계층이라고 생각하는 이들은 아무래도 가난한 이들을 위한 복지확대에 찬성할 확률이 높을 것이다. 이를 고려하면 정부가 가난한 이들에게 주는 혜택을 줄여야 한다는 데 찬성하는 이들이 많아지고 반대하는 이들이 크게 줄어든 현실을 이해할 만하다. 실제로 이 조사는 2년마다 정부지출 중에서 실업수당을 늘려야 하는지 아닌지에 관한 질문도 던지는데 2014년 이후 실업수당을 늘려야 한다는 응답의 비율도 계속 줄어왔다.

결론적으로 한국 사회에서는 사회적 연대에 기초한 정부의 소득재분배와 평등에 대한 지지가 2010년대 이후 크게 약화되었다. 이제 과거에 비해 더 많은 한국인이 '가난은 사회적 구조의 문제가 아니라 개인의 노력이나 능력의 문제'로 생각하며 자신이 실제보다 더 상위계층이라 생각한다. 사람들의 생각이 그렇다면 정치에서도 보수적인 정당이 권력을 잡기 쉽고 경제와 복지정책이 더욱 보수적으로 되기 쉬울 것이다. 그러고 보면 사람들의 이러한 생각 변화가 현재 한국 정부가 작은 정부를 지향하고 사회복지 확대에 소극적인 80년대의 낡은 경제정책을 펴는 배경이라고도 할 수 있다. 어쩌다가 우리 사회와 사람들의 생각이 이렇게 되었는지 많은 고민과 논의가 필요한 시점이다.

흥미로운 것은 이러한 변화와 함께 불공정이나 기회의 불평등에 관한 불만은 더욱 커지고 있다는 점이다. 세계가치관조사의 다른 질문에 따르면 '노력하면 성공'하는 대신 '운이나 연줄이 있어야 성공'한다고 생각하는 이들의 비율이 계속 증가해왔다. 일견 모순적으로 보이지만 이러한 사회분위기가 결과의 평등 대신 노력에 대한 보상의 차이가 더 커져야 한다고 대답하는 이들이 많아진 이유일 수 있다. 즉 사람들은 개인의 노력에 대해 지금보다 더 많은 보상을 원해서 격차를 지지하고, 소득의 평등과 그를 위한 정부의 소득재분배에 대해서는 반대가 커지고 있는 것이다.

이러한 흐름은 아마 최근 몇 년 동안 널리 퍼진 불공정에 대한 반감이나 능력주의의 흐름이 강화된 현실과도 관련이 있을 것이다. 불평등이 심각하다 해도 그것이 불공정에 기인한 것이라 생각한다면 결과의 불평등 개선보다 과정의 기계적 공정과 능력주의의 실현을 요구하는 목소리가 커질 수 있다. 실제로 청년들은 공공부문 비정규직의 정규직화나 입시제도 등을 둘러싸고 공정을 외치며 지난 정부에 등을 돌렸다. 물론 수능시험에 기반한 대입제도의 결과가 오히려 고소득층에 유리하듯 형식적인 공정만 추구한다면 결과의 불평등과 부의 대물림을 악화시킬 수 있다. 또한 자신의 성공을 돕는 다른 사람들의 기여를 무시하는 능력주의 이데올로기는 불평등을 정당화할 우려가 크다.

그럼에도 소득분배의 개선에 반대하는 여론이 높다면 불평등과 싸우기 위한 정치적 노력이 약해지고 사회적 갈등은 악화될 가능성이 높다. 여론조사기관 '입소스'의 2021년 국제적 조사에 따르면 "한국은 빈부격차와 계급 사이의 갈등이 크다"고 응답한 사람의 비율이 세계 최고로 높았다.[43] 한국인의 91퍼센트가 부자와 가난한 자 사이의 갈등이 크다고 대답했고 87퍼센트가 서로 다른 사회적 계급 사이의 갈등이 크다고 대답했는데 세계 평균은 각각 72퍼센트, 67퍼센트였다. 놀랍게도 정치적 지지, 교육수준, 성별, 연령, 심지어 종교에 따른 갈등이 크다고 대답한 비율도 한국이 세계에서 제일 높았다. 불평등으로 인한 갈등이 한국사회를 갈라지게 만들고 가난한 이들뿐 아니라 모두가 살기 힘겨운 곳으로 만들고 있는 것이다. 그렇다면 지금 한국인에게 가장 필요한 질문은 이런 현실을 바꾸기 위해 사회적 연대를 어떻게 복원할 것인가다.

인공지능이 대량실업과
불평등을 가져올까

#로보칼립스는 현실이 되지 않았지만 불평등 확대는 우려해야

'장기적으로 기계가 인간을 대체할 것인가?; 기술실업이라는 낡은
주장의 중요성에 관한 새로운 연구들이 등장하다'

《뉴욕타임스The New York Times》의 기사 제목이다.[44] 다른 기사에서는
미국 대통령이 "우리 시대의 중요한 도전은 자동화가 인간을 대체하
는 시대에 완전고용을 유지하는 것이다"라고 말했다.[45]
　최근 인공지능의 급속한 발전과 기술혁신이 일자리를 없애고
인간을 쓸모없게 만들지도 모른다는 우려가 다시 높아지고 있다.
ChatGPT로 대표되는 생성형 인공지능은 무엇을 물어봐도 척척 답
을 해주고, 그림도 그리며 동영상도 만들 수 있다. 과거에는 로봇이
공장에서 생산직 블루칼라 노동자들을 실업자로 만들 것이라는 걱정
이 컸지만, 이제는 사무실의 화이트칼라 노동자들도 마찬가지다. 지

난 2월 IBM의 최고경영자는 인공지능이 사무직 일자리를 위협할 것이라고 지적했고, 기업들은 인공지능 기술을 탑재한 소프트웨어를 속속 발표하고 있다. 2022년 12월에 실시된 퓨리서치의 미국인 대상 설문조사에 따르면 인공지능에 대해 환영보다 우려하는 사람들이 38퍼센트로 반대보다 훨씬 많았다.

그렇다면 인공지능은 정말로 심각한 실업과 불평등을 가져다줄까? 이미 많은 학자들이 자동화 기술의 충격이 대량실업을 가져올 것인가에 관해 연구해왔다. 2013년 옥스퍼드대학교의 프레이Carl Frey와 오스본Michael Osborne 교수의 연구는 각 직업의 특성과 머신러닝 같은 기술의 발전 정도를 분석한 후 미국에서 20년 내 약 절반의 일자리가 높은 자동화의 위험에 처하게 될 것이라 보고했다.[46] 그러나 이후의 연구들은 반론을 제기한다. 한 일자리가 다양한 직무로 구성되어 있고 자동화되기 어려운 직무들을 고려하면 자동화로 인한 실업 위험성이 훨씬 낮다는 것이다.[47] 무엇보다 자동화로 인한 실업은 순수한 기술적 문제가 아니라 기업의 이윤동기와 사회적인 제도 그리고 정책에 의해 영향을 받음을 고려해야 한다. 얼마 전 미국에서는 완전자동화된 무인상점 아마존고Amazon Go 매장이 이윤을 낼 수 없어 문을 닫기도 했다. 노동자들의 임금이 매우 싸다면 드론이나 자율주행차가 택배기사를 금방 대체하기도 어려울 것이다.

하지만 명확하게 정의되는 루틴노동을 대체했던 과거의 기술과 달리 인공지능은 암묵적이고 복잡한 비정형노동을 대체할 수 있기 때문에 충격이 더 클 수 있다. 실제로 인공지능의 도입과 노동시장에 미치는 영향에 관해서도 연구들이 발전되고 있다. 온라인 일자리포

스팅 자료를 사용한 한 연구는 2010년에 직무가 인공지능 사용에 적합한 일자리가 많은 사업장에서 2018년까지 인공지능 관련 구직이 많아진 반면, 비인공지능 관련 일자리는 줄어들었다고 보고한다.[48] 하지만 아직 전체 산업이나 직업 수준에서 인공지능의 효과는 뚜렷하지 않았다. ChatGPT 등장 이후 인공지능이 일자리에 미치는 영향을 분석한 골드만삭스의 연구도 미국에서 인공지능으로 자동화될 수 있는 일자리는 약 4분의 1이지만 직무의 절반 이상이 자동화될 수 있는 위험이 큰 일자리는 7퍼센트라고 보고한다.[49] 이 연구는 대부분 일자리에서 인공지능이 노동자들을 대체하는 대신 생산성을 크게 높일 것이라고 전망한다.

인공지능이 일부 화이트칼라 직업에 큰 영향을 미친다 해도 산업과 경제 전반에 영향을 미치는 데는 상당한 시간이 걸릴 것이다. 실제로 전기나 정보통신기술과 같은 범용기술이 사회와 생산성에 큰 영향을 미치기까지는 보완적 투자와 생산방식 변화가 필요하기 때문에 시간이 걸렸다. 무엇보다도 역사를 돌이켜보면 '자동화로 인한 대량실업', 로보칼립스에 관한 우려가 언제나 제기되었지만 현실이 되지 않았다. 자동화와 생산성 상승으로 새로운 일자리가 많이 만들어졌기 때문이다. 앞으로도 많은 숙련노동은 인공지능에 의해 보완되고 우리가 알지 못하는 새로운 직업들이 생겨날 것이며, 여전히 인간은 창조성, 가설수립, 감정지능 등의 분야에서 인공지능보다 우위에 있을 것이다. 사실 글머리에서 언급한 《뉴욕타임스》의 기사는 1940년 2월의 기사이고 1962년에 자동화를 우려한 미국 대통령은 존 F. 케네디였다.

그러나 로봇이나 인공지능이 대량실업을 가져오지 않는다 해도 불평등을 심화시킬 가능성은 크다. 일자리를 잃은 노동자들이 새로 일자리를 찾아도 전보다 임금이 낮을 가능성이 크고, 자동화가 노동자들의 몫을 줄일 수 있기 때문이다. 예를 들어 MIT 아세모글루 Kamer Acemoglu 교수의 연구는 최근 불평등 심화의 주요한 원인으로 자동화를 지목한다. 그는 미국에서 로봇에 노출된 산업 비중이 큰 지역에서 고용률과 임금상승률이 낮았다고 보고했다. 또한 다른 연구에 따르면 자동화 진전으로 노동소득분배율이 하락한 산업에서 저학력 노동자와 같이 루틴 일자리에 많이 노출된 노동자 집단일수록 지난 40년 동안 임금상승률이 낮았다. 이 연구는 자동화로 인한 직무 대체가 임금불평등 변화의 약 절반을 설명한다는 결과를 제시했다.[50]

한편 노동경제학자들은 기술발전이 1990년대 이후 일자리의 양극화를 가져왔다고 주장해왔다. 자동화기술이 큰 타격을 미친 일자리는 숙련도와 학력 수준이 중간 정도인 공장이나 사무실의 루틴 일자리들이었다. 반면 그 수준이 높은 직종이나 매우 낮은 육체노동은 자동화되기 어렵기 때문에 일자리 양극화가 나타났다는 것이다. 이는 중산층의 몰락과 소득분배 양극화의 배경이 되었다. 또 다른 연구는 1987년 이후 특히 미국 제조업에서 자동화기술의 일자리 대체효과가 새로운 일자리 창출효과보다 커서 노동소득분배율이 하락했다고 보고한다. 하지만 노동경제학의 대가 MIT의 오터David Autor 교수는 기술혁신이 노동자의 기능을 강화하는 분야나 헬스케어와 같이 수요가 증가하는 분야의 일자리는 늘어날 것이라고 전망한다. 무엇보다 비슷한 기술혁신에도 불구하고 각국에서 다른 변화가 나타났듯이 불평등의 변화에서 노동자들의 협상력과 정부 정책 등의 요인을 잊지 말아야 할 것이다.

오터 교수에 따르면, 인공지능이 노동시장에 미칠 영향은 불확실성이 크지만 노동의 몫이 하락하고 소득불평등이 심화될 가능성에는 유의해야 한다.[51] 이를 고려하면 역시 중요한 것은 인공지능 기술의 발전에 대응하는 노력이다. 그는 미국의 경우 교육과 훈련을 위한 공공투자와 실업보험 확대와 최저임금 인상 등 노동자 보호, 그리고 새로운 일자리와 산업 창출을 위한 연구개발과 혁신 등이 필요하다고 강조한다. 결국 인공지능이 무엇을 할 수 있는가가 아니라 우리가 인공지능을 통해 무엇을 할 수 있는지를 고민해야 한다는 이야기다. 더나아가 아세모글루 교수와 존슨Simon Johnson 교수의 저서《권력과 진보Power and Progress》는 오랜 역사를 돌아보며 기술혁신으로 모두가 번영을 누리기 위해서는 노동자들의 투쟁과 정부의 진보적 정책이 필요하다고 강조한다.[52] 이들은 노동을 대체하는 과도한 자동화로 이어질 수 있는 최근의 인공지능 기술의 발전 방향에도 우려를 표명한다.

오래 전 마르크스는 기계 자체보다 기계의 자본주의적 사용이 문제라고 비판한 바 있다. 급속한 인공지능의 발전 앞에서 우리가 던져야 할 질문은 어떻게 실업이나 불평등을 심화시키는 가능성을 최소화하는 방향으로 인공지능을 사용할 것인가다.

불평등이 성장과 혁신에 나쁜 이유

#불평등은 갈등을 심화시키고 교육과 혁신에
　악영향을 미쳐 성장을 저해한다

2023년 5월 30일 더불어민주당은 윤석열 정부 출범 1년 동안 불평등이 심화되고 약자들의 고통이 커지고 있으니 특단의 대책이 필요하다고 비판했다. 같은 해 1분기 가계동향조사에 따르면 높은 물가상승으로 가구의 실질소득이 증가하지 못했고, 저소득층보다 고소득층의 가구소득 증가율이 높아서 전년 동기 대비 소득분배가 악화되었다. 소득 하위 20퍼센트 가구 중 적자 가구 비율이 약 63퍼센트로 전년보다 약 5퍼센트포인트 증가했다. 그럼에도 정부의 정책은 부자감세와 긴축재정을 지향하여 불평등을 심화시킬 가능성이 크다.

　문제는 불평등과 격차의 확대가 경제성장에도 악영향을 미칠 수 있다는 것이다. 여러 국가에서 소득분배의 악화와 성장률 저하가 동시에 나타나는 현실에서 불평등과 성장 사이의 관계는 매우 중요한 질문일 것이다. 여러 경제학자는 이 질문에 대답하기 위해 오랫동안

이론과 실증연구를 발전시켜왔다.

과거의 연구들은 부자들이 저축을 더 많이 하니 불평등이 높아지면 저축과 투자, 그리고 성장이 촉진될 것이라 주장하기도 했다. 그러나 1990년대 이후 발전된 최근의 거시경제학 연구의 전반적인 합의는 불평등이 성장에도 나쁘다는 것이다.[53] 먼저 심각한 불평등은 단기적으로 총수요를 둔화시켜 성장에도 악영향을 미칠 수 있다. 저소득층이 한계소비성향이 높기 때문에 소득분배가 악화되면 경제 전체의 소비와 총수요가 억압된다. 이렇게 총수요가 둔화되고 경기침체가 심화되면 장기실업이나 신기술 투자 둔화 등의 경로를 통해 생산성상승과 장기적인 성장을 저해할 수 있다. 또한 불평등이 심화되면 사회적 갈등과 정치적 불안정이 높아질 수 있다. 이는 기업의 투자를 저해하고 장기적으로 경제성장에도 악영향을 미칠 것이다. 역사적으로도 라틴아메리카와 같이 불평등이 심각한 국가들이 토지개혁에 성공했고 소득분배가 균등한 동아시아 국가들과 비교하여 정치적으로 더 불안정하고 성장률도 낮다는 것을 알 수 있다.

보다 최근 새케인스주의 경제학자들은 금융시장의 불완전성과 불평등을 결합시켜 분배가 성장에 미치는 영향에 관한 분석을 제시한다.[54] 현실에서 금융시장은 정보의 비대칭성으로 인해 시장실패가 발생한다. 즉 은행이 차입자의 정확한 정보를 알 수 없기 때문에 흔히 담보를 요구하며 저소득층은 돈을 빌리기 쉽지 않다. 그렇다면 가난한 부모는 아이들이 똑똑하다 해도 그들에게 비싼 교육 기회를 제공하기 어려울 것이다. 결국 이들의 아이들은 잠재력을 실현하지 못하고, 사회 전체의 생산성에도 악영향을 미치게 된다. 결과적으로, 심각한 소득과 부의 불평등은 교육 경로를 통해 경제의 생산성과 성장에 악영향을 미치는 것이다.

불평등은 또한 포용적 제도의 발전을 저해하여 성장에 악영향을 미칠 수 있다. 돈과 권력이 소수의 엘리트에 집중된 사회는 포용적인 정치, 경제적 제도가 발전되기 어렵고 지대추구가 만연하여 경제주체들의 노동과 혁신의 의욕이 약화되기 쉽다.[55] 나아가 불공정한 불평등은 작업장 차원에서도 노동의욕과 생산성에 악영향을 미칠 수 있다. 여러 실험연구가 노동자들이 불공정한 처우를 받는다고 생각하면 노동의욕이 낮아진다고 보고한다.[56]

이러한 논의들과 함께 실증연구들도 급속히 발전되었다. 각국을 비교한 연구들은 성장에 영향을 미치는 여러 변수를 통제한 후에도 초기의 소득 그리고 특히 부의 불평등이 장기적인 경제성장에 음의 영향을 미친다고 보고했다. 소득불평등을 보여주는 지니계수 자료가 발전되어 이제 경제학자들은 장기적인 패널 데이터를 사용하여 각국 내와 각국 간의 변화 모두를 분석하고 있다. 몇몇 연구들은 소득불평등이 단기적으로 일국 내에서는 성장을 촉진한다는 결과를 보고하기도 했다. 그러나 국제통화기금의 경제학자들은 개선된 데이터와 발전된 계량분석기법을 이용하여 불평등이 경제성장에 악영향을 미치며 정부의 소득재분배는 가처분소득의 불평등을 개선하여 성장을 촉진한다고 강조한다.[57] 또한 이들의 연구는 불평등이 심각할수록 경제성장이 지속되는 기간이 짧아진다는 것을 발견했다. 즉 불평등은 지속가능한 경제성장의 걸림돌이라는 것이다.

글로벌 금융위기 이후 국제기구들이 제시한 포용적 성장이라는 의제는 바로 이러한 연구들에 기초한 것이다. 이들은 그 수단으로 증세와 사회복지 확충, 금융포용 정책, 그리고 적극적 노동시장정책과 확장적 재정정책 등을 제시했다. 특히 적극적 재정정책은 단기적으로 소득을 재분배하고 수요와 일자리를 만들어내며 인프라나 연구개발투자를 통해 장기적으로 생산성을 높일 수 있어서, 포용과 혁신 모두에 매우 중요하다.

불평등이 성장에 악영향을 미치는 또 다른 경로는 혁신을 통한 경로일 것이다. 불평등이 심각하고 사회적 안전망이 부족하면 혁신적인 경제활동이 발전되기 어렵다. 먼저 한국의 승차공유 서비스의 경우에서 보이듯 혁신으로 일자리를 잃을 수 있는 기존의 노동자들이 혁신에 저항할 수 있다. 혁신은 산업과 사회의 구조조정을 동반하는 창조적 파괴의 과정이기 때문이다. 북유럽 같은 복지국가에서는 혁신 과정에서 일자리를 잃은 이들도 안정적으로 생활을 유지할 수 있고 적극적 노동시장 정책에 기초하여 새로운 수요가 있는 신산업에서 일자리를 얻을 수 있어서 혁신에 대한 반대가 강하지 않다.

또한 심각한 불평등은 저소득층의 똑똑한 아이들이 혁신에 기여할 가능성을 억누를 수 있다. 하버드대학교의 체티Raj Chetty 교수 등은 미국에서 3학년 때 수학 성적이 높은 학생들이 나중에 커서 특허를 얻는 발명가가 될 확률이 높지만, 그 집단 내에서도 부잣집 아이들이 빈곤층 아이들보다 확률이 훨씬 높다고 보고한다.[58] 결국 소득 격차가 줄어들면 사회 전체적으로 혁신과 생산성이 더 높아질 수 있다는 것이다. 이러한 연구들은 심각한 불평등이 혁신을 저해하고 경제성장에 악영향을 미칠 수 있음을 보여준다. 실제로 국가 간 실증분석에 따르면 불평등이 심각한 국가들은 1인당 특허출원이나 총요소생산성으로 측정되는 혁신의 정도가 상대적으로 낮았다.[59] 이는 또한 지난 정부의 소득주도성장과 같은 포용적인 성장의 추진이 혁신성장에도 도움이 된다는 것을 시사한다.

과거 한국은 고도성장과 함께 상대적으로 평등한 소득분배로 "동아시아의 기적"이라 불렸다. 그러나 한국경제는 1997년 외환위기 이후에는 경제의 구조변화와 함께 동아시아 기적의 반대편으로 달려온 듯하다. 이러한 방향을 되돌리기 위해 불평등과 불공정을 개선하여 혁신과 성장을 촉진하기 위한 적극적인 노력이 요구되고 있다. 한국경제는 사회복지와 안전망의 확대, 증세를 통한 소득재분배 그리고 공정한 경제구조의 확립을 통해 포용과 혁신이 선순환하는 새로운 지속가능한 성장의 경로를 찾아야 할 것이다.

2부

거꾸로 가는
한국경제

소득주도성장 논란에서
윤석열 정부의 퇴행까지

소득주도성장은
어떻게 길을 잃었나

#불평등 개선과 총수요 확대는 올바른 방향이었지만
제대로 된 논쟁과 실천은 부족했다

소득주도성장은 문재인 정부 초기 경제정책의 트레이드마크였다. 그러나 이는 정부 출범 1년 만인 2018년 봄 최저임금 인상과 소득불평등 심화를 둘러싼 거센 비판에 직면했고 여름이 되자 정책의 기조가 흔들렸다. 돌이켜보면 제대로 된 평가도 논쟁도 그리고 실천도 이루어지지 못했다는 아쉬움이 크다.

소득주도성장은 포스트케인스주의 학파의 임금주도성장에 관한 연구에 기초한 것이었다. 이들에 따르면 국민소득에서 노동자가 임금으로 가져가는 노동소득분배율의 변화가 총수요에 영향을 미친다. 노동자들의 소비성향이 높으니 노동소득분배율이 높아질 때 소비수요가 진작되어 총수요가 확대되면 성장이 촉진될 수 있다. 이는 물론 자본과 노동 그리고 생산성과 같은 공급측 요인들에 주목하는 주류 경제학의 경제성장론과는 달리 수요측을 주목하는 성장론이다.

이 이론이 자영업자가 많고 재분배가 미약한 한국에서 소득주도 성장이라는 이름을 얻었다. 당시 보수언론과 몇몇 경제학자들은 이에 대해 극소수의 비주류경제학이며 무모한 실험이라고 때리기 바빴다. 특히 임금인상은 투자를 저해할 수 있으며, 수출의존도가 높은 한국에서 임금주도성장은 어렵다는 비판이 제기되었다. 그러나 임금 상승으로 총수요가 확대되면 기업의 투자가 늘어날 수 있고 주력수출품이 자본집약적 산업인 한국경제에서 임금상승이 수출에 미치는 악영향은 제한적일 것이다.[60]

결국 실증의 문제인데 여러 연구가 '한국에서 노동소득분배율이 높아지면 소비가 크게 늘어나는 반면, 투자와 수출에 미치는 영향은 미미해 총수요와 성장이 진작될 것'이라 보고했다.[61] 외환위기 이후 생산성과 이윤에 비해 임금과 가계소득이 정체되었고 저성장도 심화되었다는 것을 생각하면, 소득주도성장은 성장모델의 전환으로서 의의가 작지 않았다.[62] 또한 많은 경제학 연구결과들이 제시한 바와 같이 소득분배의 개선은 인적자본 축적 등 공급측의 다양한 경로를 통해 성장에 도움이 될 수 있다.

국제적으로 사례가 없다는 비판은 어땠을까? 글로벌 금융위기 이후에는 이미 주류경제학도 이제 불평등이 성장을 해칠 수 있다고 우려하며 국제기구들과 각국은 포용적 성장을 추진해왔다.[63] 심각한 불평등은 사회의 갈등과 교육의 격차를 악화시켜 경제성장에 악영향을 미치기 때문이다.[64] 실제로 일본은 일억총활약계획으로 비정규직 처우 개선과 임금인상을 통한 경제의 선순환을 강조했다. 중국도 글로벌 금융위기 이후 내수와 가계소득을 올리기 위해 소득배증계획을 실행했다. 캐나다는 부자 증세와 중산층 감세, 사회복지 확대 그리고 적극적인 재정확장으로 국제통화기금의 찬사를 받았다. 여러 유럽 국가도 최근 재정확장과 최저임금 인상을 도입했다. 최근 바이든 정부의 경제정책도 보여주듯 선진국의 정책 방향은 불평등의 개선과 총수요의 확대였던 것이다.

그러나 2018년 1분기 소득분배가 악화되고 취업자수 증가가 둔화되자 급속한 최저임금 인상에 대한 비판과 소득주도성장을 폐기하라는 목소리가 더욱 커졌다. 2018년 1분기 가계동향조사에 따르면 하위 20퍼센트 가구의 소득은 전년 동월 대비 8퍼센트 감소했던 반면, 상위 20퍼센트 가구의 소득은 높아져 소득분배가 악화되었다. 그러나 가계동향조사는 분기별 자료로서 소득분배를 정확하게 보여주기 어려웠다. 특히 이 조사는 2017년을 끝으로 종료할 계획이었는데 2017년 말 분배가 개선된 것으로 나오자 정치권의 요구로 2018년 다시 시행되었다. 하지만 2018년 조사는 샘플이 크게 변경되고 모집단도 바뀌어 저소득층인 1인가구와 고령자가구의 비중이 높아졌다는 난점이 있었다. 공식 소득분배지표는 신뢰성이 높은 가계금융복지조사지만 2018년의 결과가 2019년 12월에야 발표되었다. 결국 거센 비판과 논란을 배경으로 청와대는 2018년 7월 소득주도성장의 설계자인 홍장표 경제수석을 관료 출신으로 교체했다.

저소득층의 임금과 가계소득을 늘려서 성장과 분배의 선순환을 추진하는 소득주도성장 계획은 경제패러다임의 올바른 전환이었다. 그러나 이를 실현하기 위한 정책들에는 한계가 많았다. 특히 최저임금 인상만이 뜨거운 논란의 대상이 되었고 다른 노력은 충분하지 않았다. 노조의 결성 촉진이나 이중노동시장 해소 그리고 공정거래 강화 등 취약한 중소기업과 비정규직 노동자들의 힘을 강화하기 위한 실질적인 수단들이 도입되었어야 했다. 급속한 최저임금 인상이 영세한 자영업자와 중소기업의 고용에 미칠 부작용도 잊지 말았어야 했다. 정부도 최저임금 인상과 함께 프랜차이즈의 독점이윤을 줄이고 하청기업의 납품단가를 인상하며 임대료 상승을 제한해야 한다고 강조했지만 그런 노력은 충분하지 않았다. 또한 경기둔화기에는 최저임금 인상이 약자들 사이의 갈등을 높일 가능성이 있으므로, 그 인상폭도 합리적으로 유연하게 결정할 필요가 있었다.

소득주도성장의 핵심은 저소득층의 소득을 높이는 것이었는데 그들의 호주머니를 채워주는 것은 시장의 임금만이 아니었다. 2017년 정부가 발표한 소득주도성장의 세부과제도 첫째는 최저임금 인상과 함께 주거비 등 핵심생계비의 경감을 통해 가계의 실질가처분소득을 늘리는 것이고, 둘째는 기초생활보장제도 강화와 실업급여와 근로장려세제 확대 등 사회안전망 강화였다. 그러나 최저임금 인상 외의 정책들은 주목받지 못했다. 기초연금 인상과 아동수당은 9월에야 시행되었고 다른 계획들도 심각한 빈곤과 불평등을 완화하기에 충분하지는 않았다.

그렇다면 필요했던 것은 역시 공격적인 사회복지와 소득재분배, 그리고 재정확장이었다. 한국은 여전히 2018년 GDP에서 사회복지지출이 차지하는 비중이 약 11퍼센트로, OECD 평균에 비해 절반 수준이고 정부의 소득재분배 역할은 선진국 중 꼴찌 수준이었다. 특히 적극적인 확장재정은 단기적인 경기둔화를 막고 고용을 촉진하기 위해 필수적이었다. 2018년 중반 이후 한국경제는 건설투자의 감소와 반도체 호황의 종료를 배경으로 경기가 빠르게 둔화되고 있었다. 이러한 경기둔화에 대응하고 최저임금 인상과 같은 정책의 충격을 흡수하기 위해서도 정부는 적극적인 재정확장을 실시했어야 했다. 최근의 거시경제학 연구들은 거시경제의 불황과 총수요 위축이 이력효과를 발생시켜 잠재성장에도 악영향을 미친다고 보고한다.[65] 이를 고려하면 재정확대가 장기적으로 생산성과 성장률을 높이는 데도 핵심적이었다.

하지만 당시 문재인 정부의 재정정책은 확장적이라 말하기 어려웠다. 2018년 정부의 재정지출 증가율은 본예산 기준으로 전년 대비 약 7퍼센트, 추경(추가경정예산) 기준으로 약 5.5퍼센트 증가해 명목 GDP 상승율에 비해 크게 높지 않았다. 특히 고용과 경기대응에 중요한 사회간접자본 예산은 전년에 비해 약 14퍼센트 감소했다. 재정수지를 보면 박근혜 정부 시기에 비해서도 더욱 긴축적이었다. 정부가 기준으로 삼는 관리재정수지는 국민연금 등의 흑자를 제외하고 계산하는데 현재는 이들의 보험료가 지출보다 크다. 따라서 2017년 관리재정수지는 GDP의 1.0퍼센트 적자지만 실제의 정부 수입과 지출을 반영하는 통합재정수지는 1.3퍼센트 흑자여서 긴축편향이 존재했다. 그런데 2018년에는 경기가 둔화됐는데도 불구하고 25.4조 원에 달하는 막대한 초과세수로 통합재정수지 흑자가 GDP의 1.6퍼센트로 커지고 말았다. 또한 정부는 2017년의 핀셋증세와 2018년의 종합부동산세 계획이 보여주었듯 소득재분배를 위한 증세에도 매우 소극적이었다.

돌이켜보면 당시 정부는 소득주도성장의 성공을 위해 재정확장을 통한 적극적인 거시경제 관리와 증세와 사회복지 확대 등 소득재분배 강화, 노동자의 협상력 강화 등 여러 정책을 패키지로 함께 도입했어야 할 것이다. 문재인 정부는 케인스주의를 내세웠고 정부 초기 정치적으로 압도적인 지지를 받지 않았던가? 소득주도성장은 올바른 방향이었지만 생산적인 논쟁과 충분한 정책의 실천 없이 길을 잃고 말았다.

일본 편의점, 한국 편의점

#그도 한국에서 편의점을 했다면 최저임금 인상에 반대했을까

필자가 사는 아파트 바로 옆에 세븐일레븐이 있는데, 그곳의 점장은 항상 사람 좋은 얼굴로 인사를 한다. 2018년의 어느 날, 한국의 편의점주들이 급속한 최저임금 인상에 반대하며 휴업하겠다는 뉴스 이야기를 했더니 놀라면서도 안타깝다는 표정을 지었다.

비슷해 보이지만 한국과 일본의 편의점은 차이가 있다. 흔히 일본이 "편의점 왕국"이라 불리지만 2018년 5월, 일본의 편의점 수는 약 5만 5000개였고 한국은 3월에 약 4만 개에 달했다. 한국은 2000년대 중반 이후 편의점 수가 급증했고 2015년에서 2017년까지 약 1만 개나 더 늘어났다. 일본의 인구가 한국의 약 2.5배, 땅 넓이가 한국의 약 3.8배임을 고려하면 한국에 편의점이 얼마나 많은지 알 수 있다.

그래도 2년 내 절반이 망한다는 자영업 중 한국의 퇴직자들이 그나마 하기 쉬운 업종이 편의점일 것이다. 또한 대형마트 규제를 배경으로 편의점이 다양한 제품을 취급하며 빠르게 성장하자 대기업 본사는 편의점을 계속 늘려왔다. 편의점이 과도하게 많아지자 2012년 동일 브랜드 편의점은 250미터 이내에 출점을 금지하는 규제가 생겼지만 2014년에는 실질적으로 폐지되었다.

문제는 이렇게 편의점이 많아졌으니 한국의 편의점 매출과 수익이 일본에 비해 낮을 수밖에 없다는 것이다. 2018년 당시 편의점의 연간 점포당 매출은 일본은 평균 약 17억 원이 넘는데 한국은 5~6억 원에 그쳤다. 게다가 한국의 편의점은 2017년 이후 경쟁 심화로 계속 매출이 줄어들어왔다. 이러한 과도한 경쟁과 매출 감소는 수가 너무 많은 한국 자영업의 어려운 현실을 그대로 보여준다. 그러고 보면 최저임금 인상에 대한 편의점 점주들의 반대가 이해가 안 가는 것도 아니었다.

흥미롭게도 일본의 편의점 점장들도 단체행동을 한 적이 있다. 하지만 최저임금 인상에 반대한 것이 아니라 본사에 맞서는 싸움이었다. 2009년 세븐일레븐 가맹점주들이 노동조합을 결성하고 단체교섭을 신청하여 24시간 영업 등의 계약조건 변경과 수수료 인하를 주장했다. 회사는 가맹점주는 노동자가 아니라며 반대했고 노조는 2010년 지방 노동위원회에 부당노동행위 구제신청을 냈다. 오랜 심의 끝에 노동위원회는 '가맹점주는 노동자에 해당하며 회사가 노조의 단체교섭 요구에 응해야 한다'고 판단했다. 2012년 패밀리마트 가맹점주들도 이를 따랐고 3년 후 노동위원회는 회사가 노조의 단체교섭에 응하라고 명령했다.

물론 한국에서는 점주들이 본사를 상대하여 싸우는 것이 훨씬 더 어려운 일일 것이다. 그럼에도 당시 필요한 것은 을과 병의 갈등을 넘어 사회적 압력을 통해 갑의 변화를 끌어내는 일이었다. 그런 점에서 일본의 경험은 한국에 시사하는 바가 컸다. 일본 편의점 업계는 최근 포화상태와 매출 감소를 배경으로 출점 경쟁을 지양하고 있다. 또한 2017년에는 최저임금 인상으로 인한 점주의 부담을 완화하기 위해 세븐일레븐이 수수료를 1퍼센트 인하했고 다른 업체들도 수도세, 전기요금 그리고 상품 폐기 등을 지원했다.

집 근처의 일본인 점장도 한국에서 편의점을 했다면 최저임금 인상에 반대했을까? 한국 편의점주들의 반발은 결국 한국 자영업의 슬픈 현실을 배경으로 했다. 이는 또한 퇴직자들이 스스로 힘겹게 생계를 책임져야 하는 상황과도 관련이 있었다. 당시 최저임금 인상의 부담을 나눠지기 위한 사회적 합의는 제대로 논의도 되지 못했고, 약자들 사이에 갈등만 심해졌던 것은 안타까운 일이었다. 특히 자영업의 과도한 경쟁을 억제하고 구조조정 과정을 세심하게 관리하며 사회안전망을 강화하기 위한 정부의 적극적인 노력이 필요했을 것이다.

채소 공항과 예타 면제

#공항보단 노인복지나 사회안전망, 그리고 미래를 위한 공공투자를

일본에는 소위 '채소 공항'이 있다. 1990년대 일본 정부는 경기부양을 위해 대규모 토건사업을 추진했다. 당시 농림수산성은 농촌의 채소를 도시에 실어나르겠다며 공항을 건설했다. 물론 이 공항들은 비행기 대신 파리만 날렸다. 트럭을 사용해 채소를 운반하는 것이 훨씬 비용이 낮았기 때문이다. 2019년 국가균형발전을 위해 예비타당성 조사(이하 예타)를 면제해서 각 지역에 사회간접자본투자를 추진하겠다는 정부의 발표를 보고 채소 공항 생각이 났다. 국민의 소중한 세금을 비효율적인 사업들에 낭비하는 것이 아닌가 하는 우려 때문이었다.

수도권과 지방 사이의 격차는 나날이 커지고 있고 돈과 사람이 서울에만 몰리고 있으니 균형발전이라는 대의를 이해하지 못할 바는 아니었다. 그러나 철도나 도로, 공항을 짓는다고 과연 지방이 살아날

수 있을까? 경제성을 중시하는 현재의 예타제도 하에서 지방의 사회
간접자본투자가 예타를 통과하기 어려우며, 제도의 개혁이 필요하다
는 주장도 일리가 있었다. 그렇다고 해서 예타라는 절차를 건너뛰는
것을 정당화하기는 어려웠다.

예타는 경제성 외에 사회적 평가도 수행하며, 정부는 그것을 통과
하지 못한 사업도 추진할 수 있다. 당시 예타 면제의 문제는 나랏돈을
쓰는 사업의 추진과 결정 과정을 따져보지도 못하게 만든다는 것이
었다. 예타를 건너뛰고 추진된 4대강 사업을 그렇게 반대했던 이들
이 비슷한 모습을 보이니 비판의 목소리가 높았던 것도 당연한 일이
었다.

아마도 그 결정에는 경기둔화에 대응한 경기부양과 총선을 앞
둔 정치적 고려가 중요한 배경이었을 것이다. 경기선행지수와 동행
지수, 그리고 제조업 생산능력과 가동률 등 어떤 지표들을 보아도
2018년 하반기 이후 경기가 빠르게 가라앉고 있었다. 특히 경남 등에
서는 조선, 자동차 등 주력 제조업의 위기를 배경으로 고용문제가 심
각하여 정부에 대한 정치적 지지도 빠르게 약화되고 있었다.

그렇게 경기가 둔화되고 있는 현실에서 사회간접자본에 대한 공
공투자 등 정부의 적극적인 재정지출이 필요했던 것은 사실이다. 그
러나 문재인 정부는 경제정책의 전환을 내세우며 사회간접자본에 대
한 예산을 크게 줄였고 경기관리에 썩 적극적이지 않았다. 실제로 사
회간접자본에 대한 공공투자는 2016년 23.7조 원, 2017년 22.1조 원
에서 2018년 19조 원으로 줄어들었고, 2019년도 19.8조 원이었다.

또한 2018년 민간부문의 투자가 줄어 총고정자본투자증가율이

−2.2퍼센트였고 경제성장률을 0.7퍼센트포인트 낮추었다. 그러나 정부의 고정투자 증가가 성장률에 기여하는 효과도 제로에 가까웠다. 게다가 2018년에도 초과세수가 25조 원을 넘어서 확장적 재정정책을 요구하는 목소리가 높았으니 정부도 고민이 컸을 것이다. 사회복지를 늘리면 줄이기가 어려우니 정부관료들은 재정승수와 고용효과가 큰 사회간접자본투자를 선택했을 것이다.

하지만 거시경제의 관리와 경기를 고려할 때 2019년 초의 예타 면제 정책은 규모와 타이밍에서 한계도 존재했다. 정부의 계획은 2020년부터 10년 동안 24.1조 원의 공공투자를 수행하겠다는 것이지만 경기는 당장 식어가고 있었다. 무엇보다도 새만금공항이나 대전의 트램과 같은 사업은 나중에 시민의 부담만 커지지 않을까 하는 우려가 제기되었다. 당시 발표된 23개 사업 중에서도 경제적인 효과가 큰 사업도 적지 않았지만, 일부 사업은 문제가 커 보였다. 이런 사업들보다는 가장 가난한 노인을 위한 사회복지와 기존의 사회안전망을 강화하는 것이 더욱 바람직했을 것이다.

2019년 당시 미국의 진보적인 정치인들은 '그린뉴딜'이라는 이름으로 기후변화에 대응하고 일자리를 만들기 위한 대규모 공공투자를 추진해야 한다고 목소리를 높였다. 우리도 어디에 얼마나 재정지출을 늘릴 것인지에 관해 지혜를 모아야 할 시점이었다. 긴축이라고 비판하며 재정을 확장하라고 하면 어디에 나랏돈을 써야 할지 모르겠다는 답이 돌아오곤 했다. 하지만 그 답이 사용자 없는 공항은 아니었을 것이다.

이상한 나라의 재정정책

#국민이 어려울 때 나랏빚을 내지 않으면 언제 낼 것인가

2019년 4월 정부가 2018년의 나라살림을 결산하고 재정수지를 발표했다. 통합재정수지는 GDP의 1.7퍼센트인 31.2조 원의 흑자를 기록했고, 관리재정수지는 GDP의 0.6퍼센트인 10.6조 원 적자에 그쳤다. 그런데 이에 관해 당시 기재부는 관리재정수지가 적자이니 여전히 확장적 재정이었다는 견해를 표명했다.

이는 대체 어느 나라의 거시경제학인가? 한국은 연금의 역사가 짧아 연금을 내는 이가 받는 이보다 많다. 따라서 통합재정수지에서 국민연금과 같은 사회보장성 기금의 수지를 뺀 관리재정수지는 보통 GDP의 약 2퍼센트포인트 더 적자가 된다. 관리재정수지가 흑자였던 해는 1990년 이후 고작 3년에 불과하다. 현실의 거시경제에 미치는 효과에는 통합재정수지가 중요하며 국제기구에서는 이를 보고 한국 정부에 확장적인 재정정책을 주문하고는 했다.

문재인 정부에 들어 재정수지 흑자는 이전에 비해 더욱 커졌다. 2018년의 통합재정수지 흑자는 2007년 이래 최대였고 관리재정수지 적자는 최소였다. 무려 25.4조 원의 초과세수 덕에 재정수지 흑자가 예산에 비해 GDP의 약 1퍼센트나 더 늘어나 결과적으로 실질적인 긴축재정이 되고 말았다. 이러한 긴축 경향은 재정충격지수나 경기변동을 조정한 기초재정수지 등을 봐도 마찬가지다.

　문제는 여러 지표가 보여주었듯 2018년 하반기부터 경기가 빠르게 가라앉았다는 것이다. 결국 당시의 재정정책은 적절한 경기 대응과 거시경제의 관리에 실패했던 것이다. 돌이켜보면 2018년 사회간접자본 예산이 14퍼센트나 줄었고, 2017년과 달리 예상되는 초과세수를 사용해 대규모 추경을 실시하지 못하고 상반기에 3.8조의 미니 추경에 그친 것이 무척 뼈아픈 일이었다. 노벨경제학상 수상자 크루그먼Paul R. Krugman이 글로벌 금융위기 이후, "지금 당장 이 불황을 끝내라"고 말했던 것처럼 당장 긴축을 끝내라고 소리높여 외쳐야 할 때였다.[66] 혹시 정부와 여당이 경기 악화를 선뜻 인정하지 못해서 하반기 추경을 추진하지 못했고 결국 적극적인 재정확장에 실패한 것은 아닌지 의문스러웠다.

　국가채무비율도 계속 높아져 오다가 2016년 이후 증가를 멈췄으니 한국의 재정은 전보다 더 건전해졌다. 게다가 한국 정부의 국가채무 중 대응자산이 없는 순수한 빚인 적자성 채무의 비중은 전체 채무 중에서 약 57퍼센트였다. 국제통화기금에 따르면 2018년 정부의 자산을 고려한 순채무비율도 GDP 대비 약 10퍼센트에 불과했다. 국민의 살림살이가 힘겨운데 나라 곳간만 넉넉하면 무슨 소용이란 말인가? 그리고 보면 2018년의 재정은 많이 걷은 세금을 제때 쓰지 못한 "이상한 나라의 재정정책"이라 부를 만했다. 이는 좋지 못한 경제성과에 대해서도 상당한 책임이 있었을 것이다.

이해하기 더욱 힘든 것은 총수요를 강조하는 케인스주의를 따라 소득주도성장을 추진한 정부에서 긴축이 나타났다는 점이다. 최저임금 인상 등의 충격을 흡수하기 위해 확장적 재정정책으로 내수를 촉진하는 노력이 필요하다는 지적은 전부터 꾸준히 제기된 바 있었다. 해외에서 한국경제에 관해 발표하고 진보적인 거시경제학자들과 토론하면 언제나 받는 질문도 그것이었다. 물론 기재부 관료들의 보수성과 재정건전성을 중시하는 뿌리 깊은 사고가 중요한 요인이었을 것이다. 하지만 재정확장을 위한 청와대의 의지와 정책역량이 부족하지는 않았는지도 돌아봐야 할 일이다.

총수요의 둔화로 금리와 인플레이션이 하락하는 현실 앞에서 해외의 거시경제학계가 찾은 답도 재정확장이었다. 글로벌 금융위기 이후 거시경제학계의 긴축논쟁에서는 적극적 재정정책을 강조하는 케인스주의가 대세가 되었다. 2019년 1월, 블랑샤르는 국채금리가 명목성장률보다 낮은 현실에서는 국가부채의 비용이 낮고 부채비율도 기초재정수지가 크게 적자가 아니라면 안정화될 것이라고 주장하는 연구를 발표해 각광을 받았다.[67] 또한 경기침체로 인한 장기실업이나 기업의 신기술투자 정체가 장기적으로 성장을 저해하여 재정을 악화시킬 수 있으므로 단기적으로 적자를 감수하고 재정지출을 확대해야 한다는 목소리가 높아졌다.

국제통화기금도 2019년 3월 세계적인 경기둔화를 배경으로 우리 정부에 GDP의 약 0.5퍼센트 규모의 추경을 실시하라고 권고했다. 2019년 예산은 2018년보다는 확장적이었지만 세계경제 불안과 수출 감소, 그리고 경기 부진이 심각해 대규모 추경과 경기부양의 필요성이 커졌다. 재원조달을 위해 국채를 발행해야 할 테니 비판도 크겠지만, 그럴 때 나랏빚을 내지 않으면 언제 낼 것인가? 물론 효과적인 미세먼지 대책이나 산불 피해의 복구, 가난한 노인을 위한 사회안전망, 그리고 노후한 사회기반시설 개선 등 효과적으로 세금을 쓰기 위한 곳을 찾는 노력도 필요했을 것이다.

결국 정부는 2019년 4월 6.7조 원 규모의 추경예산을 편성했고, 8월 국회에서 5.8조의 추경이 통과되었다. 그러나 이는 GDP 대비 약 0.3퍼센트로, 규모가 크지 않았다. 정부가 2018년 재정정책의 실패로부터 얼마나 큰 교훈을 얻었는지는 여전히 의문스러웠다.

한국은 가난하다

#선진국 한국의 이면, 가난

한국은 가난하다. 눈부신 경제성장으로 선진국과 비슷한 생활수준이 되었지만 우리 곁의 가난은 여전히 심각하다. 2019년에는 최저임금도 받지 못하는 노동자들이 339만 명이나 되었다. 소득이 없는 노인들은 폐지를 줍는데, 리어카에 한가득 100킬로그램의 골판지를 하루세 번 고물상에 팔면 겨우 1만 5000원을 벌었다.

가계금융복지조사에 따르면, 2021년 한국의 상대적 빈곤율은 15.1퍼센트였다. 균등화 처분가능 중위소득의 절반보다 소득이 낮은 가구가 그만큼 많다는 것이다. 2018년 16.7퍼센트에 비해서는 낮아졌지만, 유럽 선진국들보다 높고 미국, 일본과 비슷한 수준이다. 특히 66세 이상 노년층의 빈곤율이 39.3퍼센트로 최근 낮아졌다고는 해도 여전히 OECD에서 최고를 기록했다. 이는 연금제도가 발달하지 못해서인데 엄청나게 높은 노인자살률과도 관련이 클 것이다.

심각한 가난은 그대로 불평등으로 이어진다. 한국은 가구의 중위소득과 하위 10퍼센트의 소득 경계값의 배율이 OECD 국가 중 가장 높은 나라다. 반면 한국은 상위 10퍼센트 소득 경계값과 중위소득의 격차는 국제적으로 볼 때 별로 크지 않다. 최근 20년 동안의 변화를 보아도 빈곤층이 상대적으로 더 가난해져 중위소득과 하위 10퍼센트 가구소득의 격차가 크게 확대되었다. 결국 한국의 불평등 심화는 빈곤 문제와 동전의 양면인 것이다.

'가난은 나랏님도 구제하지 못한다'는 옛말이 있지만 현대의 많은 선진국은 연금과 사회복지로 가난을 극복해왔다. 우리 정부도 노인들에게 기초연금을 지급하고 국민의 기초생활을 보장하기 위해 노력하고 있다. 정부는 가구소득의 중간값인 기준중위소득 30퍼센트 이하 가구에 생계급여를, 40퍼센트 이하 가구에 의료급여를 지급한다. 그러나 심각한 가난을 해결하기에는 여전히 복지가 충분하지 않다. 먼저 현재의 기준중위소득은 공식 소득분배지표인 가계금융복지조사의 중위소득보다 낮다. 또한 그 인상률이 박근혜 정부 시절 3퍼센트가 넘었는데 문재인 정부에는 2020년까지 평균 2.06퍼센트에 그쳤다. 2021년에는 2020년에 비해 2.68퍼센트 인상되었다. 불황으로 인한 가구소득 증가율 하락과 재정상황을 고려한 것이지만 아쉬움이 컸다.[68]

기준중위소득을 계산할 때 사용하는 가구균등화지수도 가계금융복지조사와 다르다. 가구원이 두 배 늘어난다 해도 지출이 그만큼 늘지는 않기 때문에 가구균등화지수를 사용하여 가구 간의 소득을 비교한다. 국제적으로 균등화지수는 보통 가구원수의 제곱근을 사용한다. 즉 4인가구 대비 1인가구의 균등화소득은 4인가구 소득을 2로 나눈 값을 사용하고 배율이 0.5가 된다. 가계금융복지조사가 이 균등화지수를 사용한다. 그러나 기준중위소득 계산에서는 그 배율이 0.37로 낮았다. 2020년 7월 정부는 2021년 기준 중위소득을 가계금융복지조사의 최근 3개년 소득증가율 기준으로 하고, 앞으로 기준중위소득을 가계금융복지조사 기준으로 변경하며 가구균등화지수도 4인가구 대비 1인가구의 소득을 0.4로 변경하기로 결정했다.

그러나 즉시 변경하면 복지지출이 급증할 수 있기 때문에 그 차이를 6년 동안 단계적으로 조정하기로 결정했다. 그나마 가구균등화 지수가 조금 높아져서 가뜩이나 노인 1인가구의 빈곤문제가 심각한 현실에서 2021년 1인가구의 기준중위소득이 4퍼센트 증가한 것은 다행스러운 일이었다. 거센 비판과 시민사회의 요구를 배경으로 2022년 기준중위소득은 이전 해보다 약 5퍼센트 인상되었고, 2023년은 5.47퍼센트 인상되었다.

한편 시민사회에서 오랫동안 요구해왔고 문재인 정부의 대선공약이던 기초생활보장제도에서 부양의무자기준의 폐지도 완전히 이루어지지 못했다. 중위소득이나 일정 수준 이상의 재산이 있는 부양의무자가 존재하는 노인들은 정부로부터 최소한의 생활을 보장하는 급여를 받을 수 없어서 비판이 높았다. 연락도 하기 힘든 자식이 있다는 이유로 정부가 극빈층 노인들의 생계를 팽개치고 있다는 것이었다. 실제로 2020년 기초생활보장제도의 전체 수급자는 약 213만 명인데 부양의무자 기준으로 인해 급여를 받지 못하는 사각지대의 빈곤층이 최대 100만에 달한다고 보고되었다. 문재인 정부는 생계급여의 부양의무자 기준을 단계적으로 낮추어 2021년 10월 완전히 폐지했지만, 의료급여에는 유일하게 여전히 부양의무자 기준이 남아있다.

소위 줬다 뺏는 연금문제도 여전하다. 현재 기초생활수급자인 가난한 노인들은 기초연금 30만 원을 받았다가 다음 달 생계급여에서 같은 금액을 삭감당한다. 연금을 받았다가 뺏기는 노인들의 수는 2020년 43만 명에서 2022년 60만 명으로 증가했다. 이들에게 '10만 원의 부가급여를 지급하겠다'는 안이 몇 년 전 합의되었지만 계속 국회를 통과하지 못했다. 윤석열 정부도 기초수급자인 노인에게 추가급여 10만 원을 지급하겠다는 공약을 제시했지만, 여전히 실현되지 않고 있다. 문제는 역시 돈이다. 의료급여에서 부양의무자 기준을 폐지하면 매년 최대 3.5조 원, 기초생활수급자 노인에게 부가급여를 지급하면 약 7000억 원이 더 들기 때문이다.

그러나 문재인 정부 때도 국방예산은 매년 약 3조 원씩 증가했고 수십조 원을 들여 뉴딜을 추진할 거라고 발표했었다. 포용적 복지국가를 이야기하면서도 이토록 심각한 가난은 그대로 두어서 아쉬움이 컸다. 한편 경제적으로 보수적이라 해도 현 정부는 여러 차례 "어려운 분들에게 두터운 복지"를 강조했다. 적어도 빈곤 문제에서는 따뜻한 보수의 면모를 보여주길 기대해보지만 긴축재정 기조는 복지확대를 가로막을 가능성이 크다. 재난 이후 경제회복이 지지부진하고 가난과 불평등이 여전히 지속되는 현실에서 우리 곁의 가난을 외면하지 않고 해결하기 위한 노력이 꼭 필요할 것이다.

소득주도성장은
분배를 개선했을까

#소득불평등은 뚜렷이 개선되었지만 한계도 존재했다

말도 많고 탈도 많았지만 문재인 정부의 대표적인 경제정책은 역시 소득주도성장이었다. 이는 임금과 가계소득 증대와 사회복지 확충으로 불평등을 개선하여 성장을 촉진하겠다는 노력이었다. 그러나 많은 이들은 소득주도성장이 성장에 실패했을 뿐 아니라 분배도 망쳤다고 목소리를 높였다. 실제로 통계청의 가계동향조사는 최저임금의 급속한 인상 이후 2018년 소득분배가 악화되었다고 발표했고, 이후 보수언론은 정부를 연일 공격했다. 소득주도성장은 정말로 당시 분배를 악화시켰을까?

가계동향조사는 2017년 이후 표본의 변경으로 논란을 빚었고, 분기별 소득분배지표는 불평등의 변화를 보여주는 데 한계가 컸다. 정부의 공식 소득분배지표는 가계금융복지조사인데 그 결과를 보면 문재인 정부에 들어 소득분배가 뚜렷이 개선되었다. 먼저 시장소득 지니계수는 2017년 0.406에서 2018년 0.402로 하락했고 이후 약간 높아졌다. 무엇보다 정부의 소득재분배 확대로 처분가능소득 기준 지니계수가 2017년 0.354에서 2018년 0.345, 2019년 0.339로 2년 연속 하락했고 소득 5분위 배율도 마찬가지였다. 상대적 빈곤율도 2017년 17.3퍼센트에서 2018년 16.7퍼센트 그리고 2019년 16.3퍼센트로 낮아졌다. 실제로 2017년부터 2020년까지 각 소득분위별 가처분소득의 변화율을 보아도 최하위 10퍼센트가 가장 크게 증가했고 하위 40퍼센트는 상당히 높아진 반면, 상위 20퍼센트의 소득증가율이 가장 낮았다. 문재인 정부 시기 가처분소득의 증가율은 정확하게 소득분위와 역관계를 보여 소득주도성장은 분명 가구소득의 분배를 개선하고 불평등을 축소했던 것이다.

또한 노동시장 내의 임금불평등도 줄어들었다. 고용형태별 근로실태조사에 따르면 중위임금 3분의 2 미만의 임금을 받는 저임금 노동자 비율이 2017년 22퍼센트에서 2019년에는 17퍼센트로 감소했다. 시간당 임금의 지니계수도 2017년 0.316에서 2019년 0.299로 하락했다. 이와 함께 2017년 이후에는 노동생산성 상승에 비해 실질임금 상승이 더 빨라서 국민소득에서 임금이 차지하는 비중도 높아졌다. 자영업의 소득을 보정한 노동소득분배율은 2017년 68.1퍼센트에서 2019년 71.4퍼센트로 높아졌다.

결국 소득주도성장은 적어도 소득주도 또는 임금주도 부분, 즉 불평등의 개선에서는 성과가 있었다고 할 수 있다. 2018년과 2019년 건설투자의 급락과 반도체 경기침체와 미중갈등을 배경으로 한 설비투자의 감소로 성장은 성공적이었다고 말하기 어렵다. 2018년에는 투자는 감소했지만, 정부가 의도한 바대로 가계소득이 늘어나 민간소비가 견조하게 증가하여 경제성장을 떠받쳤다. 하지만 경제구조 변화와 안정적인 내수 확대로 지속가능한 성장을 촉진하는 효과는 단기간에 기대하기 어려운 일이었다.

그렇지만 소득주도성장이 소득분배를 개선하는 데 한계도 없지 않았다. 급속한 고령화를 배경으로 시장소득 기준의 불평등은 개선되기 어려웠고 노동시장 바깥의 가난이 심각한 현실이다. 선진국 중 빈곤율이 최고로 높은 수준인데도 가장 가난한 이들을 위한 기초생활보장제도는 여전히 한계가 많았다. 또한 취약한 노동자들의 권리와 협상력을 강화하는 것이 무엇보다 중요했지만 그런 노력은 부족했다. 2020년 12월 국회에서 노조법 개정안이 통과되었고 2021년 4월 ILO기본협약도 비준되었다. 그러나 여전히 당시 정부와 여당이 노동자의 권리 확대를 위해 얼마나 노력하고 있는지 의문스럽다는 목소리가 컸다.

한편 소득주도성장을 추진했던 문재인 정부 시기에 자산 불평등이 심화되었다는 것을 잊지 말아야 한다. 가계금융복지조사에 따르면 순자산 지니계수가 2017년 0.584에서 2020년 0.602로 높아졌고 순자산 상위 10퍼센트 가구의 점유율도 41.8퍼센트에서 43.7퍼센트로 높아졌다. 서베이 자료의 한계를 고려하면 현실의 자산 불평등은 더욱 심각할 것이다.

특히 부동산 가격 급등으로 소득에 비해 자산가치가 빠르게 증가했다. 국부와 순국민소득의 배율이 2017년 9.5에서 2019년 10.7로 크게 높아졌는데 이는 세계적으로 가장 높은 수준이었다. 상위 1퍼센트의 소득집중도를 분석해보면 이미 2008년 이후 근로소득의 집중도는 낮아졌지만, 이자나 배당 그리고 사업과 임대소득의 집중도는 계속 높아져왔다. 자산가격의 상승이 지대에 기초한 소득불평등과 상위소득 집중을 심화시키는 중요한 요인이 될 수 있음에 유의해야 할 것이다.

한편 2020년은 코로나19의 충격이 컸다. 실업자들과 자영업자들의 고통은 컸던 반면, 주식과 부동산 시장은 연일 활황이었다. 따라서 경제회복도 부자와 빈자의 격차가 커지는 K자 형태가 될 것이라는 우려가 높아졌다. 그래도 2020년 시장소득 지니계수는 2019년보다 아주 약간 높아진 반면, 재난지원금 등의 정부지출 덕분에 가처분소득 지니계수는 2020년 0.331로 더 낮아졌다. 그러나 2021년에는 팬데믹의 영향을 배경으로 0.333으로 조금 높아졌다. 재난을 넘어 평등하고 정의로운 회복을 위해 소득주도성장의 초심을 잊지 말아야 할 것이다.

가난은 대물림되지 않는다

#불평등은 결혼과 출산을 가로막는다

한국은 세계에서 아이를 가장 적게 낳는 나라다. 한국의 합계출산율은 2018년 0.98(단위: 명, 가임기 여성 1명 기준)로 1보다 낮아졌는데 선진국 평균은 약 1.6이었다. 이후에도 더 낮아져 2019년 0.92를 기록했고 코로나19의 충격을 배경으로 2020년에는 0.84까지 떨어졌다. 신생아 수는 2019년 30만 2700명에서 2020년 27만 2400명으로 약 10퍼센트 감소했고 2022년에는 24만 9000명으로 줄었다.

　이미 2020년 한국은행은 코로나19로 인한 청년층의 고용과 소득 충격, 비대면 생활의 확산, 출산계획 취소 등으로 2022년에는 출산율이 통계청의 합계출산율 저위 시나리오인 0.72보다 더 낮아질지도 모른다고 지적했다.[69] 실제 2022년 출산율이 0.78이라도 기록한 것은 오히려 다행스러운 일일까? 인구쇼크나 인구절벽 이야기가 나온 건 어제오늘 일이 아니다. 2020년부터는 주민등록 기준으로 인구가 줄어들고 있다. 인구가 급속히 고령화되는데 아이들이 태어나지 않으면 경제성장과 재정에는 당연히 악영향을 미치게 될 것이다.

출산율 하락은 사실 한국을 포함한 동아시아 국가들이 공통적으로 겪고 있는 문제다. 급속한 성장을 배경으로 한 가치관의 변화와 일과 육아를 양립하기 어려운 여성의 지위 등 여러 이유가 있을 것이다. 하지만 경제적인 이유를 빼놓을 수 없다. 청년들이 결혼을 하고 아이를 낳아 키우는 일은 돈이 많이 드는데 그들의 생활은 팍팍하고 미래는 불안하기 때문이다.

특히 결혼 자체가 줄어들고 있는 것이 문제다. 한국의 인구 1000명 당 혼인율은 2011년 6.6을 기록한 이후 내내 하락해 2020년 4.2까지 낮아졌다. 다른 선진국에 비해 혼인율이 낮지는 않지만 하락 속도가 매우 빠르다. 무엇보다도 비혼가정의 출산 비율이 한국은 약 2퍼센트로 OECD 평균 약 40퍼센트에 비해 압도적으로 낮다. 따라서 비혼출산에 대한 사회적 시각이 바뀌기 어려운 현실에서 혼인의 감소는 바로 출산율 하락으로 이어진다. 한 연구는 결혼한 여성만 대상으로 한 출산율은 꽤 높다고 보고한다.

혼인율의 하락은 결혼이 꼭 필요하지 않다는 사람들이 늘어난 탓도 있지만, 역시 결혼에는 돈이 많이 들기 때문이기도 하다. 가정을 꾸리는 데는 안정적인 일자리와 따뜻한 보금자리가 필요하겠지만 보통 쉬운 일이 아니다. 보도에 따르면 2018년만 해도 신혼집 마련에 드는 비용이 약 2억 원에 달했으니 어느 정치인의 파격적인 결혼지원금 공약도 이해할 만하다. 최근 서울 집값은 크게 올라 평생 버는 소득으로 집 한 채 가질 수가 없으니, 부모의 도움을 받지 못하는 청년들의 절망은 더욱 커지고 있다.

그러므로 결혼은 정확하게 불평등의 문제다. 경제활동인구조사에 따르면 2018년 30대 남성 임금근로자 혼인율이 상위 10퍼센트는 86.3퍼센트인데 소득이 하락할수록 계속 내려가 하위 10퍼센트는 20.3퍼센트에 불과했다. 2008년에는 그 비율이 각각 92퍼센트와 57퍼센트였으니 10년 만에 저소득층 노동자들의 혼인율이 크게 하락했던 것이다. 또한 한 실증연구는 다른 요인들을 통제하고도 부모의 가구소득이나 금융자산이 미혼자녀의 결혼 확률에 유의한 영향을 미친다고 보고한다.[70]

일본 남성은 50세까지 결혼을 하지 못한 생애미혼율이 2015년 약 23퍼센트나 되었는데 저소득층의 미혼율이 훨씬 더 높았다. 한국도 일본을 급속히 쫓아가고 있어서 2025년에는 전체 남성의 약 5분의 1이 평생 결혼을 하지 못할 전망이다. 무엇보다도 힘겹게 결혼을 해도 가난을 물려주기 싫고 아이가 자라서 나만큼의 삶도 살기 어려울 것이라고 생각한다면, 아이를 가질 용기가 나지 않을 것이다. 통계청의 사회조사를 보면 자식 세대의 사회경제적 지위가 높아질 가능성에 관한 질문에 대해 긍정적인 대답이 2009년 48.3퍼센트에서 2019년 28.9퍼센트로 감소했다. 국민건강보험 자료에 따르면, 2007년 이후 12년 동안 분만 건수는 감소했지만 그중 저소득층의 비중이 뚜렷이 줄어든 반면, 상위 30퍼센트 이상 고소득층의 비중이 증가했다. 이제 결혼도 출산도 고소득층이 누리기 쉬운 사치품에 가까워지고 있는 것이다.

문재인 정부는 청년세대와 여성의 삶의 질을 개선하는 방향으로 저출산대책을 전환했는데 이는 바람직한 변화였다고 할 수 있다. 그러나 결혼과 출산을 높이기 위해서는 근본적으로 부와 소득의 불평등을 개선하기 위한 노력이 더 필요할 것이다. 또한 청년의 일자리를 위한 공공투자와 교육을 확충하고 적극적 노동시장정책과 사회안전망도 강화해야 한다. 흔히들 부의 대물림이 문제라고 이야기한다. 그러나 가난은 대물림조차 되지 않는 현실을 잊지 말아야 할 것이다.

바보야, 문제는 역시 부동산이야

#부동산 정책의 실패로부터 어떤 교훈을 배워야 할까

문제는 역시 부동산이었다. 2021년 4월 서울시장 보궐선거에서 여당이 참패한 이유도 그리고 문재인 정부가 정권재창출에 실패한 이유 중 하나도 부동산이었을 것이다. 많은 이가 지난 정부 정책 중 가장 실망스러운 부분을 부동산 문제였다고 이야기한다. 아파트값도 전세도 크게 올라 집 없는 이들은 벼락거지가 되어 화가 났고, 종부세가 크게 오르니 부자들도 불만이 높았다. 특히 서울의 아파트 가격이 폭등했다. 국민은행의 주택가격지수 자료에 따르면 2017년 5월에서 2022년 3월 사이 전국의 주택가격은 약 31퍼센트, 서울의 주택가격은 약 46퍼센트나 높아졌고 서울의 아파트 가격은 약 58퍼센트 높아졌다. 실거래가로 보면 서울 아파트는 약 두 배나 올랐다. 부동산 폭등과 함께 자산불평등은 더욱 심화되었다. 이는 물론 한국만의 문제는 아니었다. 초저금리와 유동성 확대를 배경으로 전 세계의 집값이 올랐고 한국의 집값 상승률이 다른 나라보다 높지는 않다는 보고도 있었다. 그러나 집값을 잡겠다며 몇 번이나 강조했던 정부의 대책들은 실패했으며, 이에 대해 사람들이 배신감을 느끼는 것은 당연한 일이었다.

지난 정부의 부동산 정책을 돌이켜보자. 많은 사람들이 지적하듯이 먼저 정부 초기 임대사업자들에 대한 여러 특혜조치가 큰 실착이었다. 문재인 정부는 민간임대시장의 활성화와 임대주택 공급확대를 위해 취득세와 재산세, 양도소득세와 종부세 그리고 임대소득세 등을 완화해주며 임대사업자 등록을 촉진했다. 임대사업자 수는 2017년 약 26만 명에서 2020년 1분기 51만 명으로 증가했고 임대주택 수도 98만 채에서 157만 채로 증가했다. 이들 다주택자들은 갭투자 등을 통해 주택가격에 상승압력을 주었다.

비판이 높아지자 정부는 이들에 대한 특혜를 계속 줄였다. 그러나 여전히 임대시작일 공시가격이 6억 이하인 집들은 임대사업자가 아무리 많이 보유하고 있어도 종합부동산세가 면제되었다. 종합부동산세법 시행령 제3조에 따라 이러한 임대주택은 종부세 합산배제 대상이 되기 때문이었다. 2021년 5월 이재명 경기도 지사에 따르면 경기도에 집 26채를 보유한 한 임대사업자는 그중 19채가 종부세 대상이고 공시가격 총액이 56억이나 올랐지만, 종부세를 한 푼도 내지 않았다. 전국에서 임대주택을 가장 많이 보유한 이는 서초구 거주자로 753채를 가지고 있었다. 임대사업자와 관련해서 감면되는 종부세액만 한 해 수조 원이 넘을 것으로 추정되었다.

또한 문재인 정부 초기 부동산 관련 세금 인상을 위한 노력도 부족했다. 불로소득을 억제하고 집값을 잡는 데 효과적인 보유세를 높이고 대신 양도세를 인하하라는 목소리가 높았다. 그러나 현실에서 보유세 인상은 더뎠다. 집값이 이미 많이 오른 2019년 이후에 종부세가 높아지자 서울에서 종부세를 부담하는 이들이 크게 늘어났고 이에 대한 불만이 커졌다. 소득 없이 집 한 채만 있는 고령자에게는 종부세의 과세이연(내야 할 세금을 나중에 내는 것) 조치도 필요하겠지만, 엄청나게 오른 집값에 비해 세금부담이 크다고 말하기는 어려웠다. 지지율이 매우 높았던 2017년 정부 초기에 뚜렷한 의지와 계획 아래 보유세를 꾸준히 높였다면 부동산 급등세를 미리 억제할 수도 있었을 것이다. 주택가치와 비교한 보유세 부담이 국제적으로 낮은 현실에서 한국에서는 토지를 중심으로 보유세율을 전반적으로 인상하기 위한 노력이 요구되고 있다.

한편 집값 상승은 수요나 투기만의 문제는 아니며 공급측 요인도 함께 고려해야 했다. 주택보급률이 높다지만 직장에 가까운 서울 시내에 살 만하고 인프라가 좋은 집은 여전히 부족한 상황이었다. 문제는 사람들은 그런 집을 사기를 원한다는 것이다. 따라서 여러 방안을 통해 공급확대를 위한 강력한 노력과 교통망의 확충이 지속적으로 이뤄졌어야 할 것이다. 하지만 정부의 정책은 다주택자에 초점을 맞추고 투기수요 억제에 집중했다. 정부의 계획과는 달리 현실에서 장기 공공임대주택의 공급에도 한계가 많았다.

근본적으로는 저금리가 주택가격 상승의 중요한 배경이었는데 통화정책 결정 과정에서 부동산에 대한 고려는 매우 부족했다. 물론 경기둔화에 직면하여 금리인상이 쉽지는 않았을 것이다. 하지만 돌이켜보면 부동산 가격을 지키기 위해 유동성이 주택시장으로 집중되지 않도록 효과적인 관리와 금융규제가 필요했을 것이다. 2021년 5월 청와대의 정책실장은 다른 국가들의 부동산도 많이 올랐고 부동산 정책의 성과는 복합적이며 일관성이 중요하다고 말했다. 맞는 말이었다. 그러나 정작 정부의 부동산 정책은 일관성이 부족했으며 복잡한 부동산시장을 충분히 이해하지 못했던 것으로 보인다.

2021년이 되자 여당은 거센 여론 앞에서 부동산 문제에 대해 담보인정비율 대출규제를 완화하고 세금을 인하하겠다는 논의를 진행했다. 그러나 자기 집을 장만하기 어려운 청년층의 생애 첫 주택에 대한 대출규제는 풀 필요도 있겠지만, 이미 매우 높은 가계부채와 부동산 가격을 고려하면 가격 하락 이후의 충격도 걱정해야 할 일이었다. 무엇보다 당시 세금을 낮추겠다는 논의는 이해하기 어려웠다. 혹시 부동산 가격 급등을 막지 못한 정책 실패에 대한 분노보다 세금이 올라 화가 난 소수의 목소리가 정치인들에게 더 크게 들렸던 것일까. 지난 정부의 부동산 정책은 여러모로 문제가 많았지만 동시에 중요한 교훈도 남겨주었다.

자영업자들의 〈오징어 게임〉

#이제 현실의 오징어 게임을 멈춰야 할 때

자동차회사 노동자였던 〈오징어 게임〉의 주인공 기훈은 구조조정을 당하고 치킨집과 분식집을 하다 망해서 4억 원의 빚을 지고 나락에 떨어진다. 그와 같은 처지의 사람들이 거액의 상금을 따기 위해 목숨을 걸고 벌이는 게임을 그린 〈오징어 게임〉이 2021년 전 세계를 휩쓸었다. 당시 드라마에서 유출된 전화번호에 자기도 빚이 많다며 게임에 참가하고 싶다는 문자가 오기도 했다고 한다.

이 드라마의 감독은 인터뷰에서 코로나19 이후 고통을 겪고 있는 자영업자들의 현실이 주인공과 비슷할 것이라 이야기했다. 실제로 전염병과 사회적 거리 두기로 인해 매출이 급감한 자영업자들은 생존의 위기에 빠져 있었다. 취업자 5명 중 1명을 차지하는 그들이 바로 팬데믹 시기 방역으로 가장 큰 경제적 피해를 입은 사람들이다. 월셋방을 빼서 직원들 월급을 주고 스스로 목숨을 끊은 호프집 주인의 안타까운 소식도 들렸다.

대면서비스업을 중심으로 자영업자들의 빚도 크게 증가했다. 2021년 3월 말 자영업자 약 246만 명이 약 832조 원의 빚을 진 상황이었다. 이는 1년 전에 비해 19퍼센트나 증가한 금액이었는데 자영업자들의 대출증가율은 전체 가계대출 증가율보다 두 배나 높았다. 특히 금리가 높은 비은행권 대출 증가율이 높았고 3개 이상의 금융기관으로부터 돈을 빌린 다중채무자도 늘어났다. 앞으로 금리인상과 대출규제로 그 부담이 더 커질 것이 우려되었다. 2021년 자영업자들을 대상으로 한 조사에 따르면 코로나19 발생 이후 약 1년 동안 응답자의 81퍼센트가 평균 5000만 원 넘게 부채가 증가했고, 약 45퍼센트가 폐업을 고려한다고 답했다.

한국은 코로나19 시기 방역과 경제성장에서 다른 국가들에 비해 뛰어난 성과를 보였다. 그러나 그 과정에서 큰 피해를 본 자영업자들에 대한 보상은 너무나 부족했다. 일본만 해도 긴급사태선언 시기 영업시간 제한과 주류판매금지 조치에 대해 음식점 주인들은 정부로부터 하루 4만 엔에서 10만 엔까지의 지원금을 받았다. 작은 식당이라도 한 달이면 1000만 원이 넘는 돈이었다. 각국을 비교한 한 기사는 2020년 3월 이후 현재까지 미국과 프랑스, 일본의 식당은 약 1~2억 원에 달하는 정부의 지원금을 받았지만, 한국은 그에 비해 10분의 1 수준이라고 보도했다.

국제통화기금에 따르면 2020년 초부터 2021년 9월까지 코로나19에 대응한 한국 정부의 직접적인 재정지출은 GDP의 6.4퍼센트로, 선진국 평균 11.7퍼센트에 비해 규모가 크게 작았다.[71] 이에 대해 정부는 성공적인 방역으로 경제의 타격이 상대적으로 작았기 때문이라고 말했다. 하지만 그 성공적인 방역이 자영업자들의 희생에 기초한 것임을 모르는 이는 없을 것이다. 정부의 재난지원금은 1차는 전 국민 지급이었고, 2~4차는 소상공인 등을 대상으로 했지만 금액이 크지 않았다. 5차 재난지원금은 건강보험료 기준 소득 상위 12퍼센트를 제외하고 지급했지만 선별기준을 둘러싼 논란이 컸다. 당시 많은 이가 주장했듯이 지원금을 보편적으로 신속히 지급하고 나중에 연말정산에서 선별적으로 환수하는 정책이 합리적이었겠지만 정부는 요지부동이었다.

한편 2021년 10월 경기도는 도의 예산 6380억 원을 써서 5차 재난지원금을 받지 못한 고소득층에게 '재난기본소득'이라는 이름으로 25만 원을 지급했다. 하지만 증세 없는 경기도의 재난기본소득은 전 국민에게 동일한 금액을 지원하고 고소득층의 세금을 더 걷는 기본소득의 원래 정신과도 거리가 멀어 보였다.

코로나19에 대응하는 정부지출은 무엇보다 예산을 대폭 확대하고 자영업자 등 직접 피해를 본 이들을 크게 지원하는 것이 바람직했을 것이다. 2021년 7월에야 자영업자들에 대한 손실보상법이 통과되었지만, 그와 관련된 2022년 예산은 2조 원도 되지 않으며 2021년 추경을 합해도 약 3조 원에 불과했다. 이는 5차 재난지원금 예산 11조 원에 비해서도 훨씬 작은 규모였다. 어찌 보면 코로나19 이후 자영업자들의 죽음은 자살이 아니라 모두가 책임이 있는 사회적 타살이라는 이야기가 나올 만도 했다. 결국 2022년 5월 뒤늦게야 자영업자 손실보상을 위해 약 24.6조 원 등 약 29조 원의 소상공인 지원을 포함한 추가경정예산이 국회에서 통과되었다.

오징어 게임은 남을 이겨야만 살아남는 게임과 게임보다 더 지옥 같은 현실에서 잔인한 게임으로 내몰리는 절박한 사람들의 이야기를 통해 현대 자본주의의 어두운 현실을 참혹하게 그려냈다. 특히 감당하기 어려운 빚을 지고 삶의 벼랑 끝에 선 자영업자들이나 취약한 노동자들에게는 자신의 이야기로 느껴질 것이다. 하지만 그 게임 속에서도 사람들은 때로 서로를 도우며, 극의 마지막에서 주인공은 자신이 게임의 말이 아니라 사람이라고 말한다. 이제 사람들이 힘을 합쳐 현실의 오징어 게임을 멈춰야 할 때다.

대한민국은 선진국이 되었지만

#삶이 불안하지 않은 행복한 선진국이 되려면 갈 길이 멀다

2020년 7월 유엔무역개발회의(UNCTAD)는 1964년 설립 이후 처음으로 대한민국을 선진국으로 분류했다. 60년 전 아프리카 국가들보다 가난하던 한국이 이제 서구의 선진국들과 어깨를 나란히 하게 된 것이다. 한국은 2020년 경제규모로 볼 때 세계 10위가 되었고 주요 선진국 클럽인 G7 회의에도 초청되었다. 이제 구매력평가환율에 기초한 1인당 국민소득은 프랑스 등의 유럽 국가들이나 일본보다 높아졌고, 시장환율에 기초해도 몇 년 내 더 높아질 전망이다. 세계의 수많은 개도국 중 선진국을 따라잡은 국가는 극히 드물어서, 해외에서 아시아와 아프리카의 학생들을 가르치고 있는 필자로서는 매우 뿌듯한 일이다.

그러나 한국 소식을 보면 선진국의 영광 뒤에 가려진 어두움이 여전히 크게 보인다. 2021년 1월 광주의 아파트 공사장에서는 아파트

외벽이 붕괴해 하청업체 노동자 6명이 사망했다. 2월에는 포스코의 포항제철소에서도 30대 하청노동자가 중장비에 끼여 목숨을 잃었다. 2020년에도 하루 평균 2.4명의 노동자가 작업장에서 산업재해로 사망했다. 2017년 전체 노동자 대비 산업재해 사망률은 OECD 선진국 중에서 3위이며, 특히 건설산업에서의 사망률은 노동자 10만 명당 25.5명으로 OECD 평균 8.3명보다 훨씬 높아서 최고를 기록했다.

다른 선진국과 비교해보면 한국은 경제성장률과 생산성 그리고 임금상승률이 매우 높으며, 코로나19에 대한 방역도 가장 훌륭한 수준이었다. 그러나 가처분소득의 격차와 상대적 빈곤율은 가장 높은 축에 속하며, 노인의 자살율은 최고로 높고 출산율은 세계 최저 수준이다. GDP 대비 사회복지지출 비율은 빠르게 증가해왔지만 2019년 현재 약 12퍼센트로 OECD 평균 약 20퍼센트에 비해 절반 수준에 불과한 현실이다. 게다가 탄소배출증가율은 선진국 중 가장 높고 여전히 감축 노력도 부족한 실정이다. 한국인들은 분명 과거보다 훨씬 더 잘살게 되었지만, 과연 더 행복해졌고 한국도 더 살기 좋은 사회가 되었을까?

2021년 11월 발표된 퓨리서치센터의 설문조사는 '삶을 의미 있게 만드는 요인들'에 관해 17개 선진국 시민에게 질문했다.[72] 대부분의 나라에서 가족이 1위였고, 평균적으로 가족, 직업 그리고 물질적 행복 순이었다. 그러나 한국인만 물질적 행복을 1위로 뽑았다. 물론 다른 국가들에서도 물질적 행복이 중요하긴 했지만, 그들은 다른 요인이 더 중요하다고 대답했다. 이 조사는 주관식의 열린 질문인데 한국인은 한 가지 요인만 대답한 이가 다른 국가보다 훨씬 많았다는 점에서 해석에 주의해야 할 것이다. 하지만 국제적으로 비교해볼 때 한국인이 특별히 물질적인 요인을 중요하게 생각한다는 것을 엿볼 수 있다.

이러한 결과는 치열한 경쟁과 각자도생 속에서 삶의 불안이 큰 우리의 현실과 관련이 클 것이다. 한국은 급속한 경제적 성취를 이루었지만, 기득권이 강고하고 사회적 신뢰와 연대, 그리고 안전망은 부족하며 상위 10퍼센트의 성안밖 사람들 사이에 격차가 큰 사회다. 결국 안정적인 대기업이나 공공부문의 정규직을 가지지 못한 많은 사람이 끊임없이 불안에 시달리고, 그들의 아이들은 출발선에서부터 뒤처지고 있다고 느낄 것이다. 이는 '집단자살사회'라고까지 이야기되는 극단적으로 낮은 출산율로 이어진다. 운 좋게 태어난 한국의 어린이와 청소년들도 다른 선진국과 비교할 때 행복도가 크게 낮다는 것이 잘 알려져 있다.

2022년 대선 시기에 여당의 대선후보는 국민소득 5만 달러를 공약으로 내세웠다. 그러나 지속적인 경제성장도 중요하겠지만, 이미 선진국이 된 한국에서 그것보다 더 중요한 일은 우리 사회가 모자란 부분들을 채우는 일일 것이다. 필자를 포함해 많은 이가 지난 대통령 선거에서 심각한 불평등과 인구문제 그리고 기후위기에 대한 대응과 같은 커다란 이야기들이 나올 것으로 기대했을 것이다. 또한 기득권의 해체와 공정한 경쟁을 위한 노력이나 기술과 노동의 변화에 대응하는 정책에 관해서도 듣고 싶었을 것이다. 그러나 당시 여야 후보들의 선거운동과 공약들을 보면 실망이 컸다.

내가 가르치는 아시아와 아프리카 학생들은 눈부신 경제성장을 이룩한 한국을 부러워하며 현재 한국의 상황에 대해 가끔 물어보곤 한다. 모두가 안전하고 행복한 선진국을 만들기 위해 한국인들은 지금도 열심히 노력하고 있다고 대답해줄 수 있다면 좋겠다.

나라 곳간이 비었다고 하더니

#백성이 힘들고 미래를 준비해야 하는 시기에
곳간 문을 잠그는 게 능사일까

2022년 4월 안철수 위원장을 비롯해 윤석열 정부의 인수위 관계자들은 "문재인 정부로부터 물려받은 나라 곳간이 텅 비어 있다"고 목소리를 높였다. 한덕수 총리도 추경호 기획재정부 장관도 문재인 정부가 나랏빚을 과도하게 늘려서 재정상황이 나쁘고 이제 빈 곳간을 채우기 위해 재정건전성을 추구해야 한다고 강조했다. 윤석열 정부는 1년 안에 재정준칙을 도입하겠다며 나랏빚의 증가를 막겠다는 강한 의지를 보였다.

그러나 대통령은 후보 시절, 코로나19 손실보상을 위해 50조 원 규모의 재정을 지출하겠다고 약속한 바 있다. 실제로 정부는 2022년 5월 12일 소상공인 370만 명에게 최소 600만 원을 지급하는 데 드는 약 25조 원과 초과세수의 지방이전지출 23조 원을 포함한 총 59.4조 원 규모의 2차 추경을 편성했다. 이 추경안은 이후 국회에서 62조 원으로 증액되어 통과되었다.

나라 곳간이 비었다고 하면서 빚을 내지 않으면 그 돈은 어디서 구할까? 그 답은 역시 초과세수였다. 기재부는 2022년 초과세수가 예상보다 53.3조 원 더 걷힐 것이라는 전망하에 44.3조 원을 사용해 국채발행 없이 추경의 재원을 조달할 계획을 제시했다. 기재부에 따르면 2022년에는 추경에도 불구하고 초과세수 덕분에 국채를 9조 원 상환해 국가채무비율이 심지어 추경 전의 본예산보다 줄어든 GDP 대비 49.6퍼센트를 기록할 전망이었다. 텅 빈 곳간을 물려받았다고 하더니 새 정부는 실제로는 세수풍년 덕분에 대규모 추경을 편성할 수 있게 된 셈이다. 2022년 결산에 따르면 예산의 세수를 넘은 초과세수가 약 52.6조 원에 달했다.

이에 대해 불확실한 경제상황에서 세수가 많이 걷히지 않을 수도 있고 예상된 초과세수를 사용하는 것은 꼼수라는 비판도 제기되었다. 하지만 2017년과 2021년에도 비슷한 방식으로 추경을 실시한 경험이 있다. 2018년에는 경기가 하강하고 대규모 초과세수가 예측되었는데도 오히려 그것을 사용하지 않고 미니추경을 실시하여 거시경제관리에 실패하기도 했다.

결국 예상되는 초과세수를 사용해 꼭 필요한 재정지출을 실행하는 것 자체는 문제로 보기 어려운 일이었다. 물론 대규모 추경으로 인해 2022년 정부 재정은 추경을 하지 않았을 경우에 비해 재정수지 적자가 크게 증가했다. 2022년 국가결산에 따르면 관리재정수지적자가 약 117조 원, GDP의 5.4퍼센트나 되었다. 만약 추경을 하지 않고 초과세수가 그대로 정부의 총수입이 되었다면 관리재정수지적자가

GDP의 약 3퍼센트로 줄어들었을 것이다.

무엇보다 너무 잦은 그리고 엄청난 규모의 세수추계의 오류는 이해하기 어려웠다. 실제로 2021년 초과세수가 본예산 대비 61.3조 원, 2차 추경과 대비해도 29.8조 원이나 되었다. 그런데 2022년에도 초과세수가 놀랍게도 본예산 대비 15퍼센트를 넘었다. 이미 2021년 결산에서 국세수입이 344.1조 원이었는데 정부는 2022년 본예산의 예상세수를 343.4조 원으로 편성했고, 2022년 2월 1회 추경에서도 초과세수를 예상하지 못했다.

예산에서 세수를 과소하게 추계하면 재정지출을 억제해 긴축편향이 나타나고 중기적인 재정전망도 틀리게 된다. 재정건전성을 강조하는 논자들은 앞으로 한국의 국가채무비율 상승 속도가 매우 빠를 것이라고 주장해왔다. 이들은 2021년 10월 국제통화기금의 세계경제전망을 인용해 2021년 GDP 대비 한국의 일반정부부채비율이 약 51퍼센트에서 2026년 67퍼센트로 빠르게 높아질 것이라고 우려했다. 그러나 정부의 세수추계 오류를 반영하여 국제통화기금은 이미 2022년 4월 세계경제전망에서 2021년 정부부채비율 전망치를 50퍼센트, 그리고 2026년은 58퍼센트로 대폭 낮추었다.

돌이켜보면 기재부는 문재인 정부 때는 코로나19 손실보상을 위한 대규모 재정지출에 대해 나랏빚의 급속한 증가와 재정상황을 들며 난색을 표했다. 그 결과는 엄청난 초과세수와 방역의 부담을 짊어진 자영업자들의 고통이었다. 그런데 2022년 5월 정부가 바뀌자마자 기재부는 초과세수를 사용해 대규모 추경을 하겠다고 발표했다. 이런 기재부의 행태를 두고는 비판이 제기될 만도 했다.

그럼에도 자영업자의 손실보상을 위한 추경은 필요한 일이었으며 시민의 삶을 지원하는 정부의 책임과 역할은 언제나 그렇듯 중요하다. 당시는 팬데믹 경제위기의 상처를 완전히 극복하기 위해 재정확장이 필요했을 것이다. 또한 현재는 앞으로의 기후 변화와 산업 전환에 대한 대응, 그리고 사회안전망 확충을 위해 적극적인 공공투자가 필요한 시점이다.

이를 고려하면 윤석열 정부의 재정건전성 강조가 성장기반의 확충과 사회복지 확대에 악영향을 미치지 않을까 크게 우려된다. 특히 2022년 대규모 추경으로 재정적자가 커지고 감세마저 추진하여 세수가 줄어들 것이니, 재정이 악화되었다며 더욱 강력한 긴축재정을 펼 가능성이 크다. 그러나 위기 극복과 같이 필요한 경우에는 국가채무비율 상승을 용인하는 동시에 중장기적으로는 복지확대에 발맞추어 증세를 추진하는 것이 바람직한 재정정책의 방향일 것이다. 실제로 기초연금 인상 등 대통령의 공약 이행을 위해서도 약 209조 원이 들 것이라는데 과연 나랏빚을 내지 않고 그것을 실천할 수 있을지 의문이다. 정부는 백성들이 힘들고 미래를 준비해야 하는 시기에 곳간 문을 걸어 잠그는 것이 능사인지 진지하게 자문해봐야 할 것이다.

민생이 비상인데 재정은 긴축인가

#정부가 허리띠를 졸라매면 저소득층의 살림살이가 악화될 것

"경제가 어려울수록 가장 큰 타격을 받는 것은 서민과 취약계층이다. 정부는 민생안정에 사활을 걸어야 한다."

2022년 7월, 대통령의 발언이다. 6월 소비자물가상승률이 전년 대비 6퍼센트를 기록하는 등 물가는 연일 오르고 경기는 둔화되어 민생에 비상이 걸렸다.

정부는 2022년 8월 제1차 비상경제민생회의를 열어 취약계층을 지원하기 위한 정책들을 제시했다. 저소득층의 생계지원을 위해 에너지바우처 단가를 인상하고 식료품비와 생필품비 지원을 확대하며 취약계층에 대한 복지지원을 강화하는 계획도 세웠다. 또한 서민의 식료품비 부담을 낮추기 위해 돼지고기 등에 대한 할당관세 적용과 농산물 조기방출 등도 추진했다. 필요한 정책이었지만 총 8000억 원

규모로 효과가 크진 않았을 것이다.

정작 크게 우려되는 것은 윤석열 정부 거시경제정책의 방향 자체다. 비상경제민생회의 전날 개최한 국가재정전략회의에서 정부는 재정건전성을 회복하겠다며 긴축재정 기조를 선언했다. 정부는 2027년까지 국가채무비율을 GDP의 50퍼센트대 중반으로 관리하고, 특히 관리재정수지 적자를 GDP의 3퍼센트 내로 유지하는 재정준칙을 위한 입법을 추진하고 있다.

그러나 코로나19 위기 이후 다시 닥쳐온 인플레이션과 경기침체의 복합위기 가능성 앞에서 정부가 허리띠를 졸라매면 경기를 둔화시켜 저소득층의 살림살이가 악화될 것이다. 정부는 지난 정부의 과도한 재정확장으로 나라 곳간이 비었고 국가채무비율이 빠르게 높아졌다지만, 국제적으로 한국의 재정은 매우 건실한 편이다.

특히 지난 정부와 달리 관리재정수지 적자비율의 한도를 법제화하는 것은 더욱 강력한 긴축편향을 만들어낼 것이다. 한국은 연금수입에 비해 지출이 작아 사회보장성기금이 흑자이기 때문에 관리재정수지 적자가 통합재정수지 적자보다 GDP의 약 2퍼센트 이상 더 크다. 사실 거시경제의 운용에 중요한 것은 통합재정수지인데 윤석열 정부의 재정준칙에 따르면 통합재정수지 적자의 한도는 GDP의 약 1퍼센트에 불과하게 된다. 이러한 정책은 경기관리를 위한 유연한 재정의 운용을 가로막고 장기적으로 성장에도 악영향을 미칠 것이다.

한편 정부는 정부지출을 구조조정하고 그렇게 마련한 재원을 가난한 이들에게 더 두텁게 지원할 것이라고 주장했다. 비효율적인 공공부문 개혁은 필요하겠지만, 재원을 생각하면 정유회사의 이윤에 대한 세금과 같이 한시적으로 대기업과 부자에 대한 증세를 실시하는 것이 바람직했을 것이다. 그것이 대통령의 말마따나 "어려운 이들을 위해 부담을 나누고 연대하고 협력하여" 위기를 극복하는 방향이었다.

하지만 2022년 6월 발표된 '새 정부 경제정책 방향'은 역시 그와는 반대 방향이었다. 정부는 민간주도 경제성장을 강조하며 법인세 최고세율 인하 등의 감세를 제시했다. 이는 기업과 부자에 대한 감세가 고용과 성장을 촉진하여 그 이득이 서민에게도 돌아갈 것이라는 '낙수효과' 경제학에 기초한 것이었다. 그러나 경제학 연구와 역사적 경험은 그것이 환상임을 보여준다. 이 흘러간 주장이 2020년대에 되살아나는 것은 시대착오적인 일이다.

게다가 경제부총리는 물가상승을 자극할 수 있다며 임금인상을 억제하라고 이야기하여 반발을 불러일으켰다. 하지만 사업체노동력조사에 따르면 2022년 4월 전체근로자의 임금총액이 전년 동월비 2.7퍼센트 상승하여 1분기보다 크게 낮아졌고 소비자물가상승률 4.8퍼센트에 비해도 낮았다. 결국 실질임금은 하락했고 일각에서 우려하는 임금-물가 상승 악순환의 가능성도 크지 않았다.

통화정책도 우려스러웠다. 높은 인플레에 대응하여 한국은행은 빠르게 금리를 인상했다. 그러나 당시 높아진 인플레이션은 글로벌 공급망 문제나 전쟁과 같은 공급측 요인과 관련이 컸다. 국제통화기금에 따르면, 현재 한국의 실질GDP는 잠재GDP보다 낮은 상태로서 총수요와 경기과열로 인한 물가상승 가능성은 낮은 상황이다. 이러한 상황에서 급속한 금리인상은 인플레이션 억제효과는 제한적인 반면 경기에는 악영향을 미칠 수 있기 때문에 부작용에 유의해야 한다. 미국의 금리인상과 함께 원화 환율이 높아지긴 했지만 코로나19 이후 한국의 환율 상승이 다른 국가에 비해 심각하다고 보기는 어려우며 외환시장 불안 가능성도 제한적이다. 금리인상과 동시에 재정도 긴축한다면 경기가 급속히 둔화되고 민생이 더욱 어려워질 가능성이 크다.

2022년 중반 대통령의 국정수행지지도가 크게 하락했고 보수언론마저 윤석열 정부를 비판하는 목소리를 높이는 것은 시사하는 바가 컸다. 대통령은 지지율에 연연하지 않는다지만 그것은 국민의 어려운 삶을 챙기지 못하는 정부에 대한 실망을 반영하는 것 아니었을까? 말만 민생이 아니라 경제정책 방향의 대전환이 필요하지만 정부는 고집불통이다.

레고랜드와 흥국생명
사태가 주는 교훈

#금융시장은 불안불안, 국민의 삶은 하루하루 비상

금융언론《블룸버그Bloomberg》는 2022년 10월 29일 금융위기의 유령이 한국경제를 휩싸고 있다는 기사를 내보냈다.[73] 1997년 외환위기 직전 한국의 가용외환보유고가 20억 달러에 불과하다고 보도하여 위기의 방아쇠를 당겼던 그 언론사다. 블룸버그의 당시 기사에 따르면 지난 3개월 동안 AAA등급 회사채 금리가 크게 높아졌으며 기업어음의 금리는 13년 만에 최고를 기록했다.

이러한 자금시장의 혼란은 정치인 리스크와 관련이 컸다. 9월 28일 김진태 강원도지사가 강원도가 보증한 2050억 원의 부채를 갚지 않기 위해 레고랜드 개발의 주체였던 강원중도개발을 회생신청하겠다고 하여 시장에 충격을 주었기 때문이다. 안 그래도 인플레이션에 대응한 한국은행의 지속적인 금리인상으로 자금시장의 어려움이 커지고 있던 때였다. 게다가 한국전력은 엄청난 적자를 메꾸기 위해 채권을 계속 발행해서 시장의 자금을 쓸어갔다. 신뢰도가 높은 한전채는 2022년 10월까지 발행액이 이전 해의 두 배가 넘는 약 24조 원에 달했다.

이러한 상황에서 강원도의 결정이 자금시장 위기에 불을 지른 것이었다. 지방정부의 지급보증마저 믿을 수 없게 되자 투자자들은 패닉에 빠졌고 채권금리가 치솟았다. 특히 부동산개발에서 사용되는 단기자금 조달방식인 프로젝트파이낸싱-유동화증권시장이 큰 혼란에 빠졌다. 보도에 따르면 이러한 증권은 2022년 연말까지 34조 원이 만기였는데, 특히 레고랜드 사태 이후 건설회사들과 프로젝트 파이낸싱에 많이 노출된 중소형 증권사들의 어려움이 심각해졌다.

결국 정부는 10월 23일 자금시장 경색을 막기 위해 약 50조 원 규모의 지원책을 발표했고 한국은행은 대출시 담보로 인정되는 증권의 범위를 확대했다. 정부의 대책은 채권시장안정펀드 20조 원, 회사채와 기업어음 매입 프로그램 16조 원, 유동성 부족 증권사 지원 3조 원, 그리고 프로젝트파이낸싱 사업자 보증 10조 원 등을 포함했다. 그러나 신용도가 높은 대기업들도 회사채 발행에 실패하고 한전채마저 5.9퍼센트 금리에도 발행목표를 채우지 못하는 등 '돈맥경화'는 쉽게 진정되지 않았다. 실제로 회사채와 국고채의 금리차를 나타내는 회사채 신용스프레드는 11월 11일 157.4bp로 글로벌 금융위기 시기인 2009년 4월 이후 최고치를 기록했다.

김진태 지사의 뻘짓은 45일 만에 사임한 영국의 트러스 전 총리를 연상케 했다. 2022년 9월 총리에 취임한 트러스가 감세정책을 무리하게 밀어붙이자 재정적자에 대한 우려로 투자자들이 영국 국채를 매각했고 국채금리가 급등했다. 결국 영란은행이 국채를 매입하는 양적완화 정책을 다시 도입하여 급한 불을 껐다. 무엇보다 김진태 지사는 충격적인 그의 결정에 관해 기재부와 협의하지 않았고, 이후 나타난 혼란에도 경제부처는 강원도와 협의 없이 뒤늦게 대응책을 내놓았다.

한편 11월 1일에는 흥국생명이 5억 달러 영구채의 콜옵션 행사를 취소하여 금융시장에 또 다른 충격을 주었다. 신종자본증권이라 불리는 영구채는 원금 상환 없이 이자만 영구히 지급하는 채권이지만 5년 후 콜옵션 행사로 매입해서 자금을 갚는 것이 일반적이다. 흥국생명은 이를 위해 새로운 영구채를 발행하려 했지만 10퍼센트 금리에도 투자자를 찾기 힘들어 콜옵션을 행사하지 않고, 6.7퍼센트의 높아진 금리를 무는 것이 합리적이라 판단했다.

그러나 이는 국제금융시장에 사실상 채무불이행으로 받아들여졌다. 이 결정 이후 대외신인도를 나타내는 시중은행의 CDS 프리미엄이 급등했고 미국 스탠더드앤드푸어스Standard and Poors는 한국 보험사들의 자금조달 여건이 악화할 것이라는 전망을 내놓았다. 금융당국은 흥국생명의 결정과 관련하여 단순히 가능한 선택지라는 입장을 견지했다. 정부는 후폭풍을 충분히 예상할 수 있음에도 제대로 대응하지 못했다. 상황이 악화되자 정부는 부랴부랴 보험업 감독규정을 과감하게 유권해석해가며 결국 흥국생명이 콜옵션을 행사하도록 했다.

레고랜드와 흥국생명 사태는 금리가 높아지는 시기에 나타날 수 있는 금융시장의 혼란을 막기 위해 정부가 언제나 깨어 있고 또 신속하고 적극적으로 대응해야 함을 시사한다. 우리 정부는 과연 어떤가?

대통령은 2022년 10월 언론에 생중계되는 비상경제민생회의를 개최했지만 경제활성화를 위한 정책을 나열하는 데 그쳤다. 정부는 말로만 비상이 아니라 정말로 금융시장은 불안불안하며 국민의 삶은 하루하루가 비상임을 잊지 말아야 할 것이다. 레고처럼 높게 쌓은 경제도 무너지는 것은 한순간이 아닌가.

거꾸로 가는 한국의 경제정책

#세계는 지금 정부가 재정확장과 취약계층 지원,
성장과 분배의 선순환을 추진 중인데 한국은?

윤석열 대통령은 2022년 12월 27일 '국가는 소멸해도 시장은 없어지지 않는다'고 말했다. 국가의 역할을 줄이고 민간주도의 경제성장을 추진하겠다는 기조를 극단적으로 보여주는 말이었다. 실제로 12월 21일 발표된 정부의 2023년 경제정책 방향은 위기 극복과 경제재도약을 위해 민간과 기업 중심의 경제운용을 강조했다. 거시정책에서는 관리재정수지 적자를 GDP의 3퍼센트 내로 억제하는 건전재정 기조를 유지하고 주택시장에 대한 규제완화를 추진하며 세제와 금융인센티브로 기업투자를 촉진하는 방안을 제시했다.

2023년 예산안에서도 이러한 방향이 드러났다. 2023년 예산 총액은 638.7조 원인데 2022년 본예산에 비해 5.2퍼센트 증가했다. 이는 지난 정부 때에 비해 증가율이 크게 낮았고, 추경예산과 비교하면 오히려 감소했다. 특히 정부는 법인세 인하를 추진해 여야 협상으로 법인세 세율이 1퍼센트포인트씩 낮아졌고 종합부동산세도 인하되었다. 국회 예산정책처는 이미 법인세와, 소득세 그리고 종합부동산세 등의 감세를 담고 있는 정부의 2022년 세법개정안으로 인해 향후 5년간 총 세수감소가 약 74조 원에 이를 것이라 추정한 바 있다.

문제는 높은 인플레와 심각한 경기둔화가 우려되는 현재 세금을 깎고 정부의 경제적 역할을 줄이는 방향이 적절한가다. 2022년 10월 국제통화기금은 2023년 세계경제성장률을 2.7퍼센트로 낮춰서 전망하고 약 3분의 1 국가에서 경기침체가 나타날 것이라 예측했다. 당시 정부는 2023년 경제성장률을 1.6퍼센트로, 다른 기관들보다도 낮게 전망했는데 이는 1960년 이후 다섯 번째로 낮은 성장률이었다.

밀려오는 충격에 대응해서 다른 선진국들은 재정확장을 통해 거시경제를 적극적으로 관리하고 시민들의 삶을 지원하며 증세를 추진하는 노력을 기울였다. 미국은 공공투자와 증세를 위해 인플레이션 감축법을 통과시켰고 일본도 에너지요금 보조와 임금인상을 지원하기 위해 대규모의 인플레이션 종합대책을 도입했다. 독일은 수차례에 걸쳐 에너지보조금을 도입하고 전기와 가스가격 상한제를 실시하며 12월에는 가구의 에너지요금을 정부가 대신 내주기로 했다. 프랑스와 이탈리아 등도 에너지가격 급등에 대응해 재정을 통해 시민들을 지원했다. 특히 유럽 국가들은 인플레이션과 함께 높은 수익을 올린 에너지기업에 대해 횡재세를 부과하여 재원을 마련했다.

《이코노미스트》는 긴축적인 통화정책과 함께 확장적인 재정정책이 함께 도입되는 이러한 현실을 "거시경제정책의 레짐체인지Regime Change"라고 불렀다.[74] 이는 과거 보수적인 입장이 득세했지만 최근 크게 변화한 거시경제학의 흐름을 반영한다. 정부가 소극적으로 대처해 불황의 상처가 깊으면 장기적으로 생산성 상승과 경제성장에도 악영향을 미친다는 거시경제학의 새로운 연구에 기초하여 큰 정부가 귀환한 것이다.

실제로 국제통화기금에 따르면, 한국 정부는 코로나19 팬데믹에 대한 재정지출 규모도 다른 선진국들보다 훨씬 작았고 2023년의 재정정책도 긴축적이었다. 경기변동으로 인한 효과를 통제해 재정정책이 확장적인지 아닌지 잘 보여주는 구조적 재정수지를 보면 한국은 2023년에도 구조적재정수지가 GDP 대비 0.3퍼센트 흑자로 전망되었다. 2023년 큰 세수감소에도 불구하고 GDP 대비 0.2퍼센트 흑자로 전망되어 확장적이지 않았다. 그러나 다른 선진국들은 대폭 적자가 전망되어 확장적인 재정정책을 지속하고 있다.

정부가 재정건전화와 감세를 함께 추진한다면 다른 재정지출의 억제로 이어질 수밖에 없다. 2023년 예산에서도 복지지출이 증가했지만 상당 부분이 고령층 확대 등으로 인한 자연증가분이며 경기둔화로 힘들어질 저소득층에 대한 지원은 충분하지 않다는 비판이 제기되었다. 또한 경기둔화 앞에서 사회간접자본 예산은 10퍼센트 줄어들어 정부의 거시경제 관리와 경기대응 역할도 우려스럽다.

세계경제의 전환은 거시경제정책만이 아니다. 《파이낸셜타임스》의 칼럼니스트 라나 포루하Rana Foroohar가 최근 저작 《홈커밍Home-coming》에서 지적하듯 이제 시장만능주의 대신 정부의 역할 강화, 효율성 대신 회복, 자본과 이윤 대신 노동과 소득, 개방과 세계화 대신 보호와 지역화라는 흐름이 뚜렷하다.[75] 바이든 정부의 '더 나은 재건'

계획이나 기시다 정부의 새로운 자본주의, 그리고 유럽 국가들의 재정확장 등 각국은 임금을 올리고 소득재분배를 강화하며 정부가 주도하여 성장과 분배의 선순환을 추진하고 있다. 한국 정부만 이와는 반대의 방향으로 달려가고 있다.

대통령은 젊은 시절 밀튼 프리드먼Milton Friedman의《선택할 자유Free to Choose》를 감명 깊게 읽었다고 한다. 실제로 그의 사상은 감세와 민영화 등 레이건과 대처의 보수적 경제정책에 커다란 영향을 미쳤다. 그러나 이는 40년 전의 일이고 지금은 2023년이다.

직접적인 저출산 예산을 늘립시다

#출산율을 높이려면 사회구조 문제 해결과
정부의 예산 확대가 필요하다

2022년 한국의 출산율이 0.78을 기록했다. 벌써 5년 연속 1 미만이다. 전쟁 때나 나타날 낮은 출산율은 한국 사회에서 살아가는 일이 전쟁과도 같다는 뜻일까? 격차가 큰 노동시장, 너무 높은 집값, 과도한 사교육비, 남녀 불평등과 여성의 경력단절 문제, 엄마의 독박육아, 과밀한 서울집중, 서구보다 훨씬 낮은 혼외출산율, 치열한 경쟁과 남과의 비교 등 출산율이 낮은 이유를 찾자면 끝도 없을 것이다.

출산율을 높이기 위해서는 청년의 삶을 개선하고 여러 구조적인 문제들을 개선하기 위한 노력이 꼭 필요하다. 그러나 이와 함께 역시 저출산 예산을 늘리자고 말하고 싶다. 엄청난 예산을 썼는데도 출산율이 높아지지 않았는데 무슨 소리냐고?

흔히 들리는 이야기는 매년 수십조 원을 저출산 예산으로 사용해도 출산율이 계속 떨어졌다는 것이다. 2021년 저출산 예산은 46조 원이 넘었고 2006년부터 2021년까지 약 280조 원을 사용했지만, 출산율은 2017년 1.05에서 계속 하락했다. 막대한 예산을 쏟아부어도 출산율을 올리는 데 실패했다는 주장은 돈을 써도 소용이 없다는 비관적인 생각으로 이어지기 쉽다.

하지만 이 많은 금액 중에 직접 가족이나 출산과 관련된 예산은 일부일 뿐이다. 실제로 2021년 지방비를 제외한 약 43조 원의 저출산 예산 중에서 출산·난임 지원과 양육, 보육, 가족 복지 등 저출산과 직접 관련이 있는 예산은 3분의 1이 안되는 약 14조 원에 불과했다. 저출산 예산 중 가장 높은 비중은 약 25조 원의 부동산 관련 임대, 융자 사업으로 절반을 넘게 차지했다. 이는 10조 원에 달하는 주택 구입, 전세자금 융자를 포함하는데, 무주택 세대주 전체를 대상으로 한 것이며 그나마 대출금액이다. 저출산 예산에는 직장 내 괴롭힘 예방이나 심지어 관광활성화 기반 구축, 게임산업과 만화산업 육성 사업도 포함되어 있다. 정작 2021년 아이를 키우는 데 필수적인 초등돌봄교실이나 영유아보육료 예산은 늘지 않았다.

출산이나 보육과 관련된 한국 정부의 지원은 국제적으로도 낮은 수준이다. OECD는 가족급여 공적지출 자료를 발표하는데, 이는 아동수당이나 육아휴직 기간의 소득지원, 보육서비스에 대한 지원 등을 포함한다. 2019년 OECD 국가들의 GDP 대비 가족급여 지출비율의 평균은 2.1퍼센트, 출산율 평균은 1.61이었다. 한국의 가족급여 지출은 2013년 GDP의 1퍼센트를 겨우 넘었고 2017년까지 약 1.1퍼센트였는데 최근 증가해 2019년 1.4퍼센트를 기록했다. 선진국 중에는 대체로 이 지출이 높은 국가가 아이를 많이 낳는데, 프랑스와 스웨덴은 그 수치가 각각 2.7퍼센트, 3.4퍼센트로 높았고 출산율도 높았다. 한국은 특히 다른 선진국에 비해 가족급여 중 현금으로 지급되는 비중이 낮고 GDP 대비 공적교육지출 비중도 매우 낮은 수준이다.

아이를 가지는 일은 행복한 일이지만 동시에 부모의 엄청난 희생을 요구한다. 실제로 여러 연구가 정신적이고 경제적인 스트레스로 아이를 낳은 부모의 행복도가 그렇지 않은 부모보다 낮다고 보고한다. 그러고 보면 아이를 안 가지는 젊은이들을 탓할 일이 아니다. 하지만 22개 선진국을 대상으로 한 최근 연구에 따르면 양육비용이 낮거나 유급출산휴가가 길면 행복도의 차이가 작아졌다.[76] 이는 정부의 관대한 가족 지원정책이 아이를 낳을 결심을 하는 데 중요한 역할을 할 수 있음을 시사한다. 실제로 최근의 한 실증연구는 과거와 반대로 2000년대에는 여성의 경제활동참가율이 높은 나라가 출산율이 더 높은데, 일과 가정의 양립에 양육과 육아휴직 등에 대한 정부 지원이 중요하다고 보고한다.[77]

물론 우리 사회의 구조적인 문제들이 해결되지 않는다면 돈만 많이 쓴다고 해서 쉽게 출산율이 높아지진 않을 것이다. 그럼에도 정부가 돈을 쓰지 않는다면 어떤 문제도 해결하기 어려울 것이다. 현재 정부도 아기를 가진 가정에 부모급여를 지급하고 있는데, 과연 어떤 지원이 가장 효과적일지 논의가 발전되어야 한다. 예를 들어 정부의 출산휴가나 육아휴직 지원 확대와 같이 지속가능한 맞벌이를 촉진하기 위한 노력도 중요할 것이다. 무엇보다 돈을 제대로 써보지도 않고 '출산율을 높이는데 아무 효과가 없다'고 한탄해서는 안 될 일이다. 아이 하나를 키우는 데 온 마을이 필요하다고 하지 않는가.

윤석열 정부 1년, 경제점수는

#재정건전화를 한다면서 감세를 하는 정책은 낙제점을 받을 만하다

2022년 5월 윤석열 대통령이 취임을 하고 정부가 출범한 지 1년이 넘었다. 누군가에게는 '아직도 1년밖에 안 되었고 4년이나 남았다니' 하는 생각도 들 것이다. 이와 함께 "이 정부가 과연 무엇을 했는지 잘 모르겠다"는 목소리도 크다. 어찌 됐든 국민의 평가는 냉정하다. 2023년 4월 넷째주 전국지표조사에 따르면 대통령의 국정운영을 긍정적으로 평가한 이들은 32퍼센트에 불과했다.

경제는 어떨까? 보통 사람에게는 역시 먹고사는 문제가 제일 중요할 텐데 수치로 보이는 경제성과는 실망스럽다. 경제성장률을 보면 2022년은 2.6퍼센트, 올해는 1퍼센트대로 하락할 것으로 전망된다. 2022년 12월에 발표된 정부의 2023년 경제성장률 공식 전망치는 1.6퍼센트였는데, 여러 기관이 전망치를 낮추었고 정부도 2023년 7월에 1.4퍼센트로 낮추었다. 국제통화기금은 한국의 2023년 성장률 전망치를 원래 1.7퍼센트에서 1.5퍼센트로, 그 후에는 1.4퍼센트로 계속 낮추었고, 1퍼센트보다 낮은 전망을 제시하는 해외 기관도 있다.

실제로 2022년 초반 이후 성장률이 계속 하락해 4분기에는 전분기 대비 마이너스 0.4퍼센트를 기록했다. 2023년 1분기에는 0.3퍼센트로 회복되었지만 설비투자가 4퍼센트 감소해 우려를 던져주었다. 윤석열 정부 기간인 2022년 2분기에서 2023년 1분기까지 실질GDP가 얼마나 성장했는지 계산해보면 3분기 동안 약 0.2퍼센트에 그친다. 이 동안 민간소비는 약 1.6퍼센트 늘어났고 설비투자는 6.4퍼센트 증가해서 나쁘지 않았지만, 국민계정상 수출과 수입의 차이인 무역수지 흑자가 약 30퍼센트나 줄어들었다.

이는 반도체산업 등에서 미중갈등 심화와 세계경제의 부진 속에서 수출이 감소했기 때문이다. 지난 4월 한국의 수출액은 7개월 연속 감소해 전년 대비 약 14퍼센트 줄어들었고 무역수지는 26억 달러 적자를 기록해 14개월 연속 적자였다. 반도체와 대중수출 감소가 주된 요인이었다. 중국에 중간재를 수출해서 흑자를 얻는 분업구조가 해체되고 있는데, 그 변화가 너무 빨라 경제에 충격을 주고 있다. 실제로 최근 한국의 수출감소는 비슷한 산업구조를 가진 일본보다 더 심각하다. 정부는 강력한 한미 동맹을 추진하고 있지만, 경제에서는 타격을 최소화하고 실익을 얻기 위한 지혜로운 외교전략이 필요할 것이다. 대통령이 최근 미국을 국빈방문했지만 경제면에서 어떤 성과를 얻어왔는지 의문스럽다.

거시경제정책은 어떤가? 윤석열 정부는 지난 정부가 나라 곳간을 비게 했다고 비판하고 재정건전화를 강조했는데, 이는 2023년 예산과 재정수지 목표에서 드러난다. 그러나 정부는 이러한 기조와는 모순되게 법인세와 소득세 그리고 부동산 과세 등에서 세금을 깎았다. 감세와 함께 정부는 낙관적인 세수전망을 제시해 이미 세수는 펑크가 나고 있다. 2023년 6월까지 예산 대비 세수진도율은 44.6퍼센트로 최근 5년 평균 53.2퍼센트를 훨씬 밑돌았다.

확장재정을 반대하며 감세를 시행하는 모순적인 정책은 미국의 공화당이 흔히 추진하던 전략이다. 결국 세수가 모자라니 정부지출을 더 줄여 경제에서 정부 역할을 축소하는 이러한 전략은 '야수 굶기기'라고 불린다. 그러나 그 과정에서 복지지출이나 필요한 공공투자가 억제되기 때문에 피해는 취약한 시민들에게 돌아간다. 실제로 2023년 보건, 복지, 고용 부문 예산은 약 4퍼센트 증가하는데 그쳐, 자연증가분을 제외하면 매우 제한적이었다.

문제는 많은 이가 지적하듯, 경기가 불확실한 상황에서 세금인하가 투자와 성장을 촉진하는 낙수효과가 작동하지 않을 것이라는 점이다. 감세보다 재정지출 확대의 승수효과가 더 크다는 연구가 보여주듯, 부자나 기업의 세금을 깎아줄 것이 아니라 그 세금으로 정부가 직접 지출하는 것이 경제에 더 도움이 될 것이다.[78] 그러니 우선 감세부터 철회하고, 증세에 기초한 재정확장을 추진해야 할 일이다.

통화정책은 재정정책보다는 나아 보인다. 그러나 인플레에 대응한 금리인상은 경기에 대한 충격을 고려해 일단 멈춘 상태지만, 고금리를 배경으로 한 가계부채의 부실과 금융불안 가능성이 여전히 존재한다. 그밖에도 정부는 노동개혁과 연금개혁을 추진했지만, 노동시간 개편을 두고 논란만 일으켰고 연금개혁은 계획조차 나오지 않았으니 평가하기도 어려운 일이다.

이런저런 결과를 종합하면 1년차 윤석열 정부의 경제성적은 낙제점을 매길 수밖에 없을 것 같다. 그럼에도 지난 정부였다면 경제를 말아먹었다며 소리높여 비판했을 언론과 학자들은 조용하기만 하다. 게다가 정부를 견제해야 할 야당의 능력 있는 모습도 잘 보이지 않는다. 그러니 앞으로도 이 정부의 경제성적이 별로 나아질 것 같지 않다고 생각하는 것은 필자만이 아닐 것이다.

3부

거시경제학의
새바람

바보야, 문제는 독점이야

#독점은 시장경제의 건강한 작동을 가로막는 자본주의의 적이다

미국 자본주의에 심각한 문제가 있다는 지적은 어제오늘 일이 아니다. 수십 년 동안 불평등은 심화되었고 기업부문의 역동성은 둔화되었고, 투자와 생산성 상승은 정체되었다. 몇몇 여론조사에 따르면 이제 미국의 젊은이 사이에서는 자본주의보다 사회주의를 선호한다는 목소리가 높다. 물론 스웨덴식의 사회민주주의를 뜻하는 것이지만, 미국의 MZ세대 중 자본주의를 긍정적으로 생각하는 비중은 2010년 66퍼센트에서 2018년 49퍼센트로 하락했고 사회주의를 긍정적으로 생각하는 비중은 같은 기간 동안 48퍼센트에서 50퍼센트로 약간 높아졌다.[79] 월가의 최고 경영자들도 망가진 자본주의를 고치기 위해 부자증세와 같은 개혁이 필요하다는 주장을 제시하고 있다.

자본주의 시장경제를 옹호하는 보수에게 발등의 불이 떨어진 셈이다. 그래서인지 2018년 11월 《이코노미스트》는 '자본주의의 다음 혁명은 경쟁'이라는 특집을 실었다.[80] 이 기사는 독점으로 인한 여러 경제 문제를 자세히 살펴보았다. 미국과 유럽에서 산업집중도가 높아졌고 신생기업 비중은 줄어들었으며, GDP 대비 미국 기업들의 잉여현금흐름이 50년 평균치에 비해 76퍼센트나 높아서 독점의 문제가 심각해졌다. 《이코노미스트》는 진입장벽들을 해체하고 현대적이고 강력한 반독점법을 통해 시장지배력을 깨야 한다고 주장했다.

몇 년 전 피케티의 《21세기 자본Le Capital au xxiᵉ siècle》으로 대표되듯 진보가 불평등을 소리높여 비판했던 것처럼 이제 합리적인 보수파와 주류경제학자들은 독점을 비판하고 있다. 미국경제의 여러 문제가 독점 때문이라 주장하여 주목을 받은 조너선 테퍼Jonathan Tepper의 《자본주의 신화The Myth of Capitalism》라는 책은 이러한 관점을 잘 보여준다.[81] 실제로 라이스대학교의 그룰론Gustavo Grullon 교수 등의 연구에 따르면 지난 20년 동안 약 75퍼센트의 미국 산업에서 시장집중이 심화되었다.[82] 이들의 연구는 집중이 심화된 산업에서 이윤마진과 주가가 높아졌지만 기업의 효율성은 높아지지 않았다고 보고한다. 다른 실증연구에 따르면 시장집중의 심화가 기업의 투자와 생산성에도 악영향을 미쳤다.

독점은 또한 불평등도 악화시킨다. 오터 교수 등의 연구는 플랫폼을 장악한 기술기업 등 독점도가 높은 산업에서 기업의 이윤이 높고 노동자가 임금으로 가져가는 몫이 상대적으로 낮다고 보고했다.[83] 독점은 기업 간의 문제만이 아니다. 현실에서 지역적으로 지배적인 기업이 노동시장을 장악해 수요독점을 낳을 수 있다. 게다가 기업 사이의 담합이나 노동자들이 경쟁업체로 옮기지 못하게 하는 경쟁금지

조항 등도 기업의 힘을 강화시킨다.

더욱 우려스러운 것은 독점기업들이 정치적 권력을 강화해 정부의 정책을 좌지우지할 수 있다는 점이다. 현실에서 구글과 페이스북 등은 잠재적 경쟁기업들을 인수했고 반경쟁적인 행위로 많은 비판을 받았다. 그러나 엄청난 로비와 정부와의 긴밀한 관계에 기초해 과거 마이크로소프트의 경우와 달리 정부의 규제는 별로 받지 않았다. 레이건 정부 이후에는 정부의 반독점 정책도 크게 약화되었고, 부와 권력의 집중은 민주주의를 위협할 지경에 이르렀다.

이쯤 되면 독점을 만악의 근원이라 할 만하다. 테퍼에 따르면 경쟁이 없는 자본주의는 자본주의가 아니다. 20세기 초 그랬던 것처럼 정부가 독점을 강력하게 규제해야 자본주의가 되살아날 수 있다는 것이다. 경쟁의 촉진은 좌우 모두 지지하는 의제로, 미국에서는 바이든 정부에 들어 행정부와 의회 모두 플랫폼기업 등 정보통신 분야의 독점을 억제하기 위한 정책을 추진하고 있다. 또한 미국의 규제당국인 연방거래위원회는 노동자가 퇴사한 이후 경쟁회사에 취업하는 것을 금지하는 경쟁금지 조항의 폐지를 추진하고 있다.

물론 현재 자본주의의 모든 문제가 독점 때문은 아니며 경쟁의 촉진이 경제의 만병통치약은 아닐 것이다. 자본주의에 깊이 내재한 갈등과 모순 그리고 불안정과 이를 극복하기 위한 노사 간의 균형과 경제를 관리하는 정부의 적극적인 역할을 외면하는 것은 이들의 한계라 할 수 있다.

하지만 자본주의가 건강하게 작동하기 위해서도 독점과는 싸워야 하니 독점은 역시 자본주의의 적이다. 독점에 대한 비판은 한국에도 그대로 적용된다. 재벌의 갑질과 불공정 행위가 독점력 없이 어찌 가능할 것인가? 중소기업의 협상력과 취약한 노동자들의 힘을 강화하기 위해 더욱 많은 노력이 필요할 것이다. 또한 경쟁의 촉진을 위해 독점에 대한 규제는 강화하되, 경쟁을 가로막고 기득권을 옹호하는 규제나 라이센스는 완화해야 할 것이다.

《이코노미스트》는 경쟁혁명이 자본주의에 대한 대중의 믿음을 회복시킬 것으로 기대했다. 과연 그럴지는 두고 볼 일이지만, 한국의 보수도 새겨들어야 할 것이다. 독점을 비판하고 공정한 시장경쟁을 지지하는 것이야말로 보수의 품격 아닌가? 우리의 보수는 혹시 공정한 경쟁을 촉진하기 위한 노력을 반기업이라 주장하지는 않는지, 그리고 친시장 혹은 친경쟁이 아니라 단지 친재벌은 아닌지 스스로 돌아봐야 할 것이다.

'흙 묻은 신발'로 돌아보라

#현장에서 현실을 자세히 들여다보는 노력이 절실하다

1979년 이란 혁명 이후 영국 외무부는 왜 그것을 예측하지 못했는지에 관해 내부 보고서를 작성했다. 이에 따르면 테헤란의 영국 외교관들이 엘리트 말고 보통 사람들을 별로 만나지 않았던 것이 하나의 이유였다. 그 후 영국 외교관들은 현장에서 보통 사람들이 어떤 생각을 하는지에 관한 조사를 강조했다. 영국의 주이란 대사는 언제나 그의 부하의 신발에 흙이 묻었는지 살펴보았다고 한다.

현실을 제대로 보기 위해 노력해야 하는 것은 외교관만이 아니다. 정책을 실행하는 관료들과 사회를 연구하는 학자들도 마땅히 그래야 할 것이다. 2019년 노벨경제학상은 바로 그런 경제학자들인 MIT의 바네르지Abhijit Banerjee와 뒤플로Esther Duflo, 하버드대학교의 크레이머Michael Kremer 교수에게 돌아갔다. 이들은 빈곤에 맞서서 무작위대조실험(RCT: randomized controlled trial)이라는 방법론을 들고 가난한 나라로 달려갔다. 실험집단과 통제집단을 무작위로 선택해 정책개입 효과의 인과관계를 정확하게 밝혀내기 위해서였다. 그들은 실험을 통해 가난한 사람들의 행동을 관찰하며 빈곤을 극복하는 가장 효과적인 방법을 하나씩 찾아냈다.[84]

예를 들어 그들은 개도국에서는 수업일수나 교과서에 대한 지출을 늘리는 것이 아니라 뒤처진 학생들의 수준에 맞춘 적절한 교육을 제공하는 것이 교육 성과에 중요하다는 것을 발견했다. 또한 연구에 따르면 케냐의 학교에서 구충제를 보급했을 때 그 학교뿐 아니라 주변 학교 학생들도 건강이 개선되고 등교율이 높아졌고, 이동진료소에서 콩 한 주머니를 나눠줄 때 예방접종 참여율이 크게 높아졌다. 그들의 실험은 가난한 농민들이 현재를 너무 과대평가하기 때문에 생산성을 높일 수 있는 비료를 구입하지 않는다는 것을 밝혀냈고, 마이크로크레디트 프로그램의 효과도 인도에서는 별로 크지 않다고 보고했다.

물론 개발경제학계 내부에서도 이들의 연구에 관해 비판의 목소리가 존재한다. 케냐의 구충제 프로그램이나 인도의 마이크로크레디트 실험은 결과를 둘러싸고 논란이 제기되기도 했다. 무엇보다도 실험연구의 결론을 일반화할 수 있는지가 핵심 쟁점이다. 실험이 다른 환경에서 수행되어도 그리고 대규모 정책이 되는 경우에도 동일한 결과를 얻을 수 있을지가 의문스럽기 때문이다. 그러므로 실험의 결과를 낳는 메커니즘에 대한 더욱 깊은 분석에 기초해 증거뿐 아니라 이해를 발전시키는 노력이 필요할 것이다.

또한 거시경제의 성장과 불평등, 정치와 부패가 빈곤에 커다란 영향을 미치는 현실에서 이들이 강조하는 현장에서의 작은 정책개입은 한계도 뚜렷하다. 2018년 8월 디턴Angus Deaton 등 3인의 노벨경제학상 수상자를 포함한 15명의 경제학자는 이러한 문제를 공개적으로 지적했다. 가난한 나라에서는 교사에게 유인을 줘 교육성과를 높이는 것보다 대외부채를 갚기 위해 교육예산 자체가 줄어들고 있는 게 더 문제라는 주장이었다. 빈곤이 개인의 행동 문제만은 아니며, 경제와 정치시스템이라는 큰 그림이 여전히 빈곤에 중요하다는 사실은 잊지 말아야 할 것이다.

과거에는 빈곤 문제를 두고 국제사회와 경제학계가 원조 대 시장의 발전이라는 구도하에서 이념적으로 대립했다. 2019년 노벨상 수상자들의 연구는 이를 극복하고 빈곤을 바라보는 새로운 시각에 기초해 어떻게 빈곤에 맞설 것인가를 구체적으로 논의한다는 점에서 의의가 있었다. 이들은 현실을 조금씩 더 나은 곳으로 만들기 위한 경제학의 실천적 역할을 생생하게 보여준 것이다. 바네르지 등은 이제 실험의 규모와 장소를 확대하며 연구결과를 정책으로 발전시키고 있다. 그들이 설립한 J-PAL이라는 연구기관은 전 세계로 네트워크를 확장했고, 인도에서 수백만 학생들이 수준에 맞는 학습보조를 받는 등 그들의 연구에 기초한 프로그램들이 수많은 가난한 이들에게 영향을 미치고 있다. 개발경제학에서는 실증적이고 미시적인 접근이 주류가 되었고, 이들의 접근법은 증거에 기반한 경제정책으로 이어지고 있다.

최저임금 인상의 효과를 포함해 한국에서도 경제정책을 둘러싼 논란이 여전히 끊이지 않았다. 우리에게 필요한 것은 역시 현장에서 현실을 자세히 들여다보기 위한 노력일 것이다. 한국의 정책담당자와 경제학자들도 신발에 흙을 더 묻혀야 하지 않을까?

정부가 빚을 져야 국민이 산다

#국민들의 부담과 가계부채를
 억제하기 위해 정부가 빚을 내야 한다

2020년 정부가 코로나19 위기에 대응하여 적극적으로 재정지출을 늘리자 나랏빚을 걱정하는 목소리가 다시 높아졌다. 그러나 세계를 둘러보자. 팬데믹에 대응하여 각국이 엄청난 규모의 재정확장을 실시해 정부의 부채가 크게 증가했다. 당시 OECD는 2021년 말 주요 선진국의 GDP 대비 정부부채비율이 2019년 말에 비해 약 20퍼센트 포인트나 더 높아질 것이라는 전망을 제시했다. 미국은 약 25퍼센트 포인트, 일본도 약 22퍼센트포인트나 되었다. 한국은 정부부채비율의 증가 폭 전망치가 선진국 중 가장 낮은 약 5퍼센트포인트에 불과했다. OECD에 따르면 실제로 동기간 OECD 국가들의 정부부채비율 증가는 약 14퍼센트포인트, 한국은 약 7퍼센트포인트였다.

그럼에도 해외에서는 나랏빚 증가를 걱정하는 목소리가 작았다. 국채금리가 경제성장률보다 낮아서 정부부채의 이자 부담이 작아 기초재정수지 적자가 크지 않다면 GDP 대비 정부부채비율이 안정화될 수 있기 때문이었다. 또한 심각한 불황이 경제에 깊은 상처를 남기지 않도록 정부가 적극적으로 경기를 부양하는 것이 경제학의 상식이 되었다. 따라서 글로벌 금융위기 이후 긴축을 주장했던 보수적 거시경제학이 퇴조했고 재정확장을 강조하는 케인스주의가 지배적으로 되었다. 특히 중앙은행이 정부의 국채를 지속적으로 매입하며 재정을 떠받치고 있고, 불황과 실업이 만연한 상황에서 인플레이션은 당분간 걱정이 없다는 것이었다. 물론 예상과 다르게 2022년 이후 팬데믹으로 인한 경제봉쇄와 전쟁 등을 배경으로 인플레이션이 빠르게 높아졌고 금리도 상승하긴 했다. 그럼에도 재정확장이 불황을 극복하고 성장을 촉진하면 세수 증가로 이어져 장기적으로는 재정에도 도움이 될 수 있다.

그러나 세계경제의 또 다른 빚더미가 민간 부문에 존재하고 있다. 기업의 부채와 가계부채다. 코로나 충격이 닥치기 전에 이미 세계경제의 부채 문제는 심각한 상황이었다. 국제금융협회에 따르면 글로벌 금융위기 이후 세계적으로 빚이 계속 증가해 전 세계 GDP의 약 270퍼센트에서 팬데믹 직전 320퍼센트로 높아졌다. 정부부채가 약 30퍼센트포인트, 비금융기업 부채가 약 13퍼센트포인트 증가했다. 경제학자 민스키Hyman Minsky가 강조했듯이, 부채는 결국 금융과 경제를 취약하게 만든다. 경기가 좋을 때는 빚을 내 레버리지 효과를 통해 큰돈을 벌 수 있지만, 상황이 악화되면 금융시스템 전체가 위험에 빠질 수 있다. 게다가 정부와 중앙은행의 구제금융은 도덕적 해이와 위험 추구를 더욱 강화하는 문제를 낳을 수 있다.

국제통화기금의 2020년 4월 금융안정보고서는 코로나19 팬데믹과 경제위기로 대출에 대한 위험이 증가하고 안전자산으로의 집중이 심화되어 부채가 많은 금융기관과 기업이 어려움에 직면할 수 있다고 전망했다.[85] 지난 글로벌 금융위기 때는 은행 부문이 문제였지만 이번에는 자본시장의 문제가 우려되었다. 고위험 회사채 시장에서 역할이 커진 뮤추얼펀드 같은 비은행 금융기관들의 자산 매각 가능성과 사모펀드의 높은 레버리지에 기초한 투자전략의 위험성이 지적되었다. 기업이 달러로 빚을 진 신흥경제 국가의 금융위기 가능성도 우려되는 부분이었다.

팬데믹 충격에 대응해 주요국의 중앙은행들은 신속하게 유동성을 공급하여 2020년 7월 초까지 대차대조표가 약 9조 달러나 불어났다. 그 덕분에 충격은 완화되고 금융시장의 불안은 진정되었다. 그러나 당시 실물경제와 자산시장 간의 괴리는 심해졌고, 코로나19의 2차 유행과 금융시장의 불안 가능성이 상존하는 상황이었다. 특히 심각한 마이너스 성장은 부채가 많은 기업의 신용도 하락과 파산 위험을 낳을 수 있었다. 따라서 여러 경제학자들은 단기적으로는 국가가 돈을 뿌리며 위기를 헤쳐나가야 하지만, 장기적으로는 경제 불균형을 축소하고 자본시장의 취약성을 줄여나가야 한다고 강조했다.

한국도 민간부채의 증가와 취약성에 주목할 필요가 있었다. 한국의 가계부채는 2020년 1분기 GDP의 약 98퍼센트로 세계적으로는 높은 수준이었으며 1년 전에 비해 5.8퍼센트포인트나 높아졌다. 또한 이미 2019년에 기업들의 수익성이 악화되었고 부채비율이 높아졌다. 2020년 1분기에도 불황으로 인한 어려움을 반영해 GDP 대비

기업 부채의 증가 폭이 매우 높았다. 빚더미에 앉은 경제가 걱정된다면 정부부채가 아니라 민간부채에 주의를 기울였어야 했다. 가계의 어려움을 덜어주기 위한 재정확장과 함께 금융시스템의 안정을 유지하기 위한 정부의 적극적인 노력이 필요한 상황이었다.

그러나 한국에서는 정부부채를 늘려서 팬데믹의 충격에 대응하고 경제를 지지하려는 노력이 많이 모자랐다. 2020년 초에서 2021년 9월까지 코로나19에 대응한 직접적 재정지출이 선진국 평균 GDP의 약 12퍼센트였는데 한국은 그 절반에 불과했다. 반면 안 그래도 국제적으로 높은 한국의 가계부채는 팬데믹 기간을 거치며 다른 선진국들에 비해 가장 많이 증가했다. 2022년 1분기 한국의 가계부채는 GDP 대비 약 106퍼센트로 더욱 높아졌던 것이다. 결국 위험을 떠맡아야 할 정부의 역할이 부족해서 취약한 자영업자들이 무거운 위기의 부담을 짊어졌고 부채가 크게 늘어났다. 돌이켜보면 국민이 살기 위해 나라가 빚을 더 졌어야 했을 것이다.

팬데믹 이후의 경제와 거시경제학

#무엇이 길을 잃은 거시경제학의 내비게이션이 될 것인가

V자, L자, 그리고 U자? 코로나19 팬데믹의 충격이 덮친 2020년 중반, 엄청난 경제의 충격 이후 경제회복이 어떤 모습일까를 둘러싸고 말들이 분분했다. 경제가 V자로 급속하게 회복될 것이라는 기대가 있었지만, 당시 현실은 썩 그래 보이지 않았다. 미국의 구매관리자지수와 소매판매 등은 5월 이후 빠르게 회복되었지만, 고용지표 개선은 여전히 느렸다. 특히 기업의 수익이 낮고 부채가 심각한 상황에서 투자가 회복되기는 쉽지 않기 때문이었다. 결국 당분간 침체가 이어져 경제회복은 좌우가 뒤집어진 제곱근의 모습이 될 것이라는 주장도 제기됐었다.

게다가 여러 나라에서 코로나19가 다시 확산되고 있었으니, 단기적으로는 경제가 바이러스에 달려 있다 해도 과언이 아니었다. OECD는 경제전망치를 코로나19가 진정되는 경우와 다시 유행하는 경우로 나누어 발표하기도 했다. 전염병 확산을 막기 위해 거리 두기를 하면 불황이 심각해지겠지만, 전염병을 막지 못하면 경제가 더 나빠질 테니 넓게 보면 방역이 곧 경제인 상황이었다.

초유의 경제위기는 최고의 경제학자들과 정책결정자들에게도 커다란 고민을 던져주었다. 팬데믹의 충격에 대응해 각국은 적극적으로 확장적인 거시경제정책을 실시했다. 이러한 대규모 재정확장과 경제불황으로 코로나19 팬데믹 이후 각 선진국의 정부부채비율이 크게 높아질 거라 전망되었다. 그러나 나랏빚을 내어서라도 노동자와 기업을 살리지 않는다면 위기가 경제에 깊은 흉터로 남아 장기적으로 성장과 재정에 더 큰 악영향을 미칠 상황이었다.

따라서 국가부채를 우려하는 목소리는 쑥 들어갔지만, 하버드대학교의 로고프Kenneth Rogoff 교수 등은 여전히 앞으로 높아진 정부부채가 경제에 악영향을 미칠 것이라 주장했다. 케인스주의자들은 경제성장률이 국채금리보다 높은 상황에서는 시간이 지남에 따라 부채비율이 안정화될 것이니 크게 걱정하지 말라고 이야기했다. 그러나 역시 시장이 급변하고 국채금리가 상승할 가능성을 배제할 수는 없었다. 2020년 당시는 중앙은행이 국채를 매입해 금리를 억누르며 재정확장을 도왔어도 언젠가는 인플레이션이 고개를 들지 않을까 하는 의문도 제기되었다. 실제로 공급측 문제가 심각해지고 상대적으로 수요가 빠르게 회복돼 2021년 이후에는 미국을 필두로 전 세계가 높은 인플레로 고통을 겪었다. 인플레에 대응해 각국의 중앙은행은 금리를 인상했지만, 이는 또한 경기둔화의 위험을 크게 높였다.

문제는 경제를 안정화시키는 거시경제정책의 기초가 되는 거시경제학이 길을 잃은 것처럼 보인다는 것이었다. 지난 수십 년간 각국 정부는 주로 통화정책을 통해 경기를 조절하고 인플레이션을 관리해왔다. 그러나 2010년대 중반 이후 실업률이 낮아져도 물가가 상승하지 않는 수수께끼 같은 상황에서 통화정책의 설계자들은 곤혹을 겪어왔다. 전 연준의장 옐런Janet Yellen의 말처럼 "현재의 거시경제학은 인플레이션을 제대로 이해하고 있지 못하는 듯하다." 이는 2021년 이후 경제회복과정에서의 인플레이션에 관해서도 마찬가지였다.

또한 이미 팬데믹 이전에 양적완화 등 비전통적 통화정책의 효과마저 제한적이어서 이제 경기조절수단으로 재정정책의 역할을 주장하는 목소리가 높아졌다. 그러나 반대쪽에는 마이너스 금리가 효과적일 수도 있다고 주장하는 이들도 존재했다. 즉 글로벌 금융위기 이후 변화된 현실은 실업과 인플레이션 어떻게 대응할 것인가라는 질문을 다시 던졌으며 코로나 이후의 거시경제학은 그 답을 찾아야 하는 과제를 안고 있다.

다른 중요한 문제는 경제위기가 심화시키는 불평등이다. 불평등에 무관심했던 주류 거시경제학도 변하고 있다. 예를 들어 최신의 거시경제학 연구들은 통화정책이 어떻게 소득분배를 변화시켜 소비에 영향을 미치는지 분석하거나, 일반균형모형에 기초해 불평등이 총수요에 미치는 영향을 연구한다. 프린스턴대학교의 미안Atif Mian 교수 등의 최근 논문은 미국에서 상위 1퍼센트의 소득비중 증가와 저축과잉 그리고 하위 90퍼센트의 부채 증가가 어떻게 저금리와 부채의 덫을 낳아 경제를 취약하게 만들었는지 보고해 주목을 받았다.[86]

코로나19 이후 경제회복의 모습도 소득이 양극화되는 K자가 될 것이라 전망하는 이들도 나타났다. '부자는 더 부자가 되고 가난한 이들은 더 가난해질 것'이라는 이야기였다. 실제로 수많은 사람들이 팬데믹의 충격으로 실업과 소득감소로 고통을 겪었지만 엄청난 유동성 공급을 배경으로 주식시장은 V자로 회복되었다. 덕분에 제프 베조스 등 미국의 최대 부자 12명의 자산이 크게 늘어나 2020년 중반에는 1조 달러가 넘었다. 앞으로 심화되는 불평등이 거시경제에 미치는 영향과 이를 바로잡기 위한 정책에 관한 연구가 필수적일 것이다.

돌이켜보면 미국에서는 엄청난 재정확장 덕분에 2021년 이후 경제가 원래 우려보다는 매우 빠르게 회복되었지만, 유럽과 일본의 경제회복은 상대적으로 더뎠다. 중요한 점은 팬데믹 이후의 경제가 경기안정화와 불평등 문제를 전면에 제기했고, 이에 대응하는 새로운 시대의 거시경제학과 정부의 역할이 필요하게 되었다는 것이다. 케인스는 현실이 바뀌면 생각을 바꾼다고 말한 적 있다. 우리의 경제학은 과연 충분히 변화하고 있는지 자문해보자.

긴축의 종말과 재정준칙

#증세 없는 재정준칙은 재정지출 억제로 이어져
 경제에 악영향을 미칠 것이다

"곤경에 빠지는 것은 뭔가를 몰라서가 아니라, 뭔가를 확실하게 안
다는 잘못된 생각 때문이다."

미국 소설가 마크 트웨인Mark Twain의 말이다. 경제학에서 그런 생각
중 대표적인 것은 긴축정책일 것이다. 오랫동안 거시경제학의 합의
는 경기변동에 대응하는 수단으로 재정정책은 효과적이지 않고 과도
한 정부부채는 경제에 나쁘다는 것이었다.

  이로 인해 글로벌 금융위기 이후 선진국들은 경제회복을 위한 적
극적인 재정확장에 실패했다. 2010년 때마침 발표된 하버드대학교의
라인하트Carmen Reinhart와 로고프 교수의 연구는 '선진국의 정부부채
가 GDP의 90퍼센트를 넘으면 성장률이 크게 하락한다'고 보고해 큰
주목을 받았다.[87] 하지만 그 결과는 엑셀 실수에 의한 것으로 밝혀졌

고, 불황으로 정부부채비율은 높아질 수 있으니 인과관계 또한 뚜렷하지 않았다.[88] 그럼에도 '재정건전성'과 '긴축'이라는 보수적 교리는 강력했다. 유럽 재정위기 이후 이러한 교리를 따라 긴축을 수용한 그리스의 경우, 경제가 붕괴하고 재정 상황은 더욱 악화되었다.

결국 2012년 국제통화기금의 연구는 유럽의 교훈으로부터 긴축이 가져다주는 심각한 악영향을 인정했다.[89] 또한 제로금리 수준으로 금리가 낮아진 현실에서 위기에 대응하는 통화정책의 한계가 뚜렷해지자 재정정책의 역할이 재조명되고 긴축의 논리가 약해졌다. 이제 거시경제학계에도 경제침체기에 재정확장이 효과적이며 경제성장률이 국채금리보다 높다면 일시적 정부부채 증가를 크게 우려할 필요가 없다는 논의가 활발하다.

2020년 10월에 열린 국제통화기금과 세계은행의 연차총회는 긴축의 시대가 가고 재정확장의 시대가 열렸다는 것을 보여주는 자리였다. 당시 세계은행 수석 이코노미스트였던 라인하트 교수는 "부채위기의 위험이 커지더라도 팬데믹의 충격 앞에 개도국들은 우선 빚을 내서 싸워야 한다"고 제언했다. 국제통화기금은 선진국 정부가 부채를 통해 지출을 크게 늘려도 향후 금리가 낮을 것이므로 긴축 없이 정부부채비율이 안정화될 것으로 전망했다.

실제로 세계 각국이 2020년 말까지 코로나19에 맞서 전 세계 GDP의 약 12퍼센트인 약 12조 달러에 이르는 엄청난 재정지출을 실행했다. 2020년 초에서 2021년 중반까지 선진국이 팬데믹에 대응한 재정지출은 GDP의 약 12퍼센트에 달했다. 국제통화기금은 이를 긍정적으로 평가하고, 경제회복이 확실해지고 이력효과가 사라질 때까지 재정확장을 지속해야 한다고 강조했다. 특히 이 기관이 2020년 10월 발표한 재정관측 보고서는 인프라스트럭처의 보수나 연구개발, 기후변화에 대응하는 공공투자가 경제회복의 핵심이라고 지적했다. 그에 따르면 현재처럼 불확실성이 큰 경우에는 GDP 대비 1퍼센트의 공공투자 증가가 2년 후 GDP를 2.7퍼센트 높이고 민간투자를 10.1퍼센트나 높이며 고용을 촉진하는 효과도 매우 컸다.[90]

《파이낸셜타임스》의 표현에 따르면 이제 공식적으로 긴축이 종말을 고한 것이다. 특히 팬데믹이 장기정체와 저금리로 이어질 수 있는 상황에서는 재정확장이 더욱 중요한 역할을 할 수 있다. 캘리포니아 대학교의 조르다Oscar Jorda 교수는 자본 과잉과 투자 부족 등으로 역사적으로 흑사병 같은 주요 팬데믹 이후 수십 년간 실질자연금리가 크게 낮아졌다고 보고했다.[91]

세계가 이렇게 급변하고 있었는데 한국에서는 재정건전성과 나랏빚 증가를 우려하는 목소리가 여전히 높았다. 2020년 문재인 정부는 국가채무를 관리하기 위해 2025년부터 재정준칙을 도입하고자 했다. 정부는 2020년 12월 통합재정수지 적자를 GDP의 3퍼센트 내로 관리하고 국가채무비율을 GDP의 60퍼센트 이내로 제한하는 내용을 결합한 한국형 재정준칙을 도입하는 국가재정법 개정안을 국회에 제출했지만, 그 문턱을 넘지 못했다. 그 수치의 근거는 모호했고 불황의 한복판에서 이를 제시하는 이유도 이해하기 어려웠다. 정부부채비율이 국제적으로 낮은 한국은 방역과 경제에 모두 성공해 2020년 재정적자와 정부부채비율 증가도 다른 선진국들에 비해 훨씬 작았다. 정부의 금융자산을 고려한 정부의 순부채비율은 더욱 낮아서 2020년 선진국 평균이 GDP 대비 약 87퍼센트인데 한국은 약 18퍼센트에 불과했다.

　그런 현실인데도 한국에서 경직된 재정준칙을 도입하는 것은 유연한 재정운용과 필요한 재정확장을 가로막는 긴축의 압력이 될 수 있다는 것을 잊지 말았어야 했다. 깊은 불황으로 많은 이들이 생존의 위협에 직면해 있고 가계부채문제가 심각한 상황에서는 정부가 빚을 내어 소득과 일자리를 지켜야 했다. 또한 팬데믹 이전 지속되었던, 금리와 인플레가 낮고 총수요가 부족한 현실은 확장적인 재정정책을 요구하는 것이었다. 특히 증세는 추진하지 못하면서 재정준칙만 지키려는 것은 향후 복지지출 억제로 이어질 가능성이 크다.

　장기적으로 튼튼한 재정을 위해 필요한 것도 준칙이라는 족쇄가 아니라 경제정체를 막고 성장을 촉진하기 위한 적극적인 재정의 역할이다. 사회안전망의 강화와 분배의 개선으로 구조적으로 총수요를 확대하고 청년들에 대한 획기적인 투자로 출산율을 높이는 노력이 필요하다. 또한 국제통화기금도 강조하듯 민간투자와 생산성 상승을 촉진하는 다양한 공공투자를 추진해야 할 것이다.

　하지만 윤석열 정부는 보수적인 입장에서 재정건전성에 집착하며 관리재정수지 적자를 GDP의 3퍼센트 이내로 제한하는 더욱 강력한 재정준칙의 도입을 추진 중이다. 한국은 아직 국민연금 등 사회보장성기금의 수입이 지출보다 많아서 보통 관리재정수지가 통합재정수지보다 GDP의 2퍼센트 이상 적자폭이 더 크다. 따라서 관리재정수지 적자를 GDP의 3퍼센트 내로 억제하는 것은 더욱 강한 긴축 경향을 가져올 것이다. 긴축이라는 잘못된 생각은 세계적으로 끝나가고 있는데 한국만 유독 예외다.

일본의 재정정책이 주는 교훈

#과거 일본보다 최근 일본의 변화를 타산지석으로 삼아야

바야흐로 긴축의 시대가 가고 재정정책의 시대가 도래한 2020년, 각국 정부는 팬데믹과 경제위기에 대응하기 위해 재정을 쏟아부었다. 당시 국제통화기금은 선진국의 재정적자가 GDP의 약 14퍼센트가 넘고 정부부채비율도 GDP 대비 약 20퍼센트포인트나 높아질 것으로 전망했다. 그럼에도 대부분의 경제학자와 국제기구들은 적극적인 재정확장을 지지했다.

　재정정책의 부활은 거시경제정책에서 가장 커다란 변화였다. 글로벌 금융위기 이후에도 긴축을 주장하는 목소리가 높았고 경제안정화 수단으로 통화정책이 지배적이었기 때문이다. 그러나 양적완화를 포함한 통화정책 수단으로는 경제를 살리는 데 한계가 컸고, 남유럽의 경험은 재정긴축의 파괴적 영향을 뚜렷이 보여주었다. 거시경제 학계에서도 국채금리가 낮은 상황에서는 정부부채를 너무 걱정할 필요가 없으며 장기정체를 극복하기 위해 재정정책이 효과적이라는 목소리가 대세였다. 하버드대학교 서머스Lawrence Summers 교수의 말마따나 거시경제학은 70년대 말 인플레 억제를 위해 통화정책이 대세가 되었던 것과 같은 혁명적인 변화를 겪었던 것이다.

그렇다면 치솟는 정부부채는 과연 문제가 없을까? 세계의 눈은 2019년 정부부채비율이 GDP의 238퍼센트나 되는 일본의 재정 상황에 주목했다. 일본은 1990년대 이후 장기불황을 배경으로 재정적자가 누적되어, 일반정부부채비율이 1990년 약 64퍼센트에서 2012년 약 229퍼센트까지 높아졌다. 1990년대에는 공공사업, 2000년대 들어서는 고령화와 관련된 사회보장 관련 비용이 재정적자를 낳았으며, 20여 년간 불황으로 인한 세수감소가 심각했다. 재무성에 따르면 1990년에서 2012년까지 국채잔액 증가에 세수감소가 약 35퍼센트, 사회보장비 증가가 약 32퍼센트를 차지했다. 일본에서는 극복을 위한 적극적이고 일관된 거시경제정책이 실행되지 못했고, 임금 정체로 총수요가 둔화되어 성장과 재정이 모두 악화되었다.

주목해야 할 것은 아베노믹스 시기의 재정의 변화다.[92] 아베 정부 시기인 2013년 이후에는 기초재정수지의 적자가 줄어들고 정부부채비율도 안정화되었던 것이다. 이는 무엇보다 명목경제성장률이 높아져 1990년 이후 계속 줄어들던 세금수입이 증가했기 때문이다. 또한 재정지출이 크게 늘지는 않았고 소비세 인상으로 세수가 확충되었다. 한편 일본은행의 2013년 양적완화와 2016년 수익률곡선 통제 정책으로 국채금리가 크게 하락했다. 2020년 말 10년물 장기국채금리는 제로 수준이며, 국채의 가중평균금리도 2019년 0.87퍼센트로 낮아졌다. 일본은행은 국채매입을 지속해 2022년 9월 현재 전체 국채의 약 절반을 보유하며 재정정책을 떠받쳤다.

과거 일본의 명목경제성장률은 장기불황과 디플레로 크게 하락해 1990년대 초반에서 2012년까지 장기국채 금리보다 낮았다. 그러나 아베노믹스와 함께 2013년 이후 성장률과 금리가 역전되었다. 경제성장률이 높으면 재정수지에도 도움이 되지만 정부부채비율을 안정화시키는 효과도 크다. 예를 들어 정부부채비율이 250퍼센트인 경우 경제성장률이 국채금리보다 1퍼센트포인트 더 높게 유지된다면 기초재정수지가 GDP 대비 2.5퍼센트 적자라 해도 정부부채비율은 더 높아지지 않는다.

물론 고령화의 진전으로 인해 미래에는 사회보장비용이 더 늘어날 테니 일본 정부의 재정건전화 노력이 더 필요할 수 있다. 하지만 출산율을 높이는 데 도움이 되는 정부지출은 장기적으로 성장을 촉진하여 재정에도 도움이 된다. 따라서 블랑샤르 교수는 일본 정부가 기초재정수지 균형을 이른 시기에 달성할 필요가 없고 생산적인 공공투자를 늘려야 한다고 제언했다.[93] 실제로 일본 정부는 2020년 코로나19에 대응해서도 2021년 9월까지 GDP의 약 17퍼센트에 달하는 대규모의 재정확장을 실시했다. 이는 깊은 불황이 경제에 상처를 남겨 장기적인 성장의 추세를 주저앉게 만드는 것을 막기 위한 노력이었다.

이러한 일본의 경험은 확장적인 재정정책과 통화정책의 협조에 기초해 성장률을 국채금리보다 높게 유지하는 것이 재정에 매우 중요함을 시사한다. 과거의 일본을 보고 정부부채의 증가를 우려하는 이들이 많지만 배워야 할 것은 역시 최근 일본의 변화다. 그 교훈은 경제가 침체되고 인플레와 금리가 낮은 현실에서는 확장적인 거시경제정책과 적극적인 재정의 역할이 필요하다는 것이다.

미국의 경기부양책과 좋은 경제학

#경제학은 사람을 돕는 수단이며,
 경제정책은 사람의 삶을 개선하는 도구

"우리는 국민이 집과 음식이 없어 고통받지 않도록 하여, 팬데믹 최후의 몇 달을 버텨내고 안전하게 일자리로 돌아갈 수 있도록 도와야만 합니다."

미국 바이든 정부의 재무장관으로 임명된 옐런이 직원들에게 보낸 메시지다. 그의 말처럼 바이든 정부는 2021년 집권하자마자 GDP의 약 9퍼센트나 되는 1.9조 달러 규모의 미국구제계획을 발표했다. 바이든 대통령은 이 경기부양책이 '거대하고 담대할 뿐 아니라 좌우의 많은 경제학자들이 지지하는 좋은 경제학'이라고 강조했다.

이 정책에 관해 오히려 바이든 정부와 재정확장을 지지해온 경제학자들이 우려를 제기했다는 것이 흥미로웠다. 부양책의 규모가 너무 커서 경기과열과 인플레를 낳을 위험이 있다는 것이었다. 서머스 교수에 따르면 이미 팬데믹에 대응한 지난 정부의 경기부양책으로 잠재산출과 비교한 총수요 부족이 많이 해소되었고 2020년 미국의 개인소득은 오히려 약간 증가했다.[94]

그러나 소비는 위축되어 개인저축률이 전년에 비해 두 배 넘게 뛰었고 저축액이 1.6조 달러나 늘어나 코로나가 진정되고 나면 소비가 급증할 수 있는 상황이었다. 서머스는 여기에 추가적으로 엄청난 재정지출이 이루어지면 인플레이션에 불을 지필 수 있다고 우려했다. 그는 또한 이번 부양책이 대규모 재정적자를 낳아 코로나 극복 이후 경제에 필요한 공공투자를 확대할 수 있는 정치적, 경제적 여력을 제약할 수 있다고 지적했다.

재정확장을 지지해온 블랑샤르도 비슷한 의견을 트위터에 올렸다. 바이든 정부의 경기부양책 규모가 잠재산출과 실제 산출의 차이인 산출갭보다 약 네 배나 커서 초과수요를 일으키고 2.5퍼센트보다 더 높은 인플레이션 압력이 나타날 수 있다는 것이었다. 그는 높은 인플레가 나타나면 연준이 예상보다 빠르고 높게 금리를 인상할 위험이 커질 것이라는 우려를 표명했다.

하지만 바이든 정부는 대규모 경기부양책을 뚝심 있게 밀어부쳤다. 백악관의 경제학자들은 높은 인플레에 대한 우려는 비현실적이고 당시는 재정확장이 모자란 것이 과도한 확장보다 더 큰 위험이라 강조했다. 실제로 팬데믹 충격 이후 급락한 고용이 회복되어 2021년 1월 실업률은 6.3퍼센트로 낮아지긴 했지만, 노동시간이 줄어들었고 노동시장에서 이탈한 이들을 모두 합하면 약 15퍼센트에 이르렀다. 결국 더딘 경제회복이 노동시장에 악영향을 미쳤던 것이다. 게다가 서머스는 스스로도 인정하듯 오바마 행정부 때 부족한 재정확장으로 인해 경기회복을 촉진하는 데 실패했던 책임이 있었다.

사실 바이든의 경제팀이 추구하는 목표 자체가 경제위기의 상흔이 잠재산출에도 악영향을 미치는 이력효과를 역전시키기 위해 총수요를 크게 확장하는 것이었다. 옐런은 연준의장 시절 연설에서 일시적으로 초과수요를 유지하는 고압경제를 운용하는 것이 총공급 확대를 위해서도 중요하다고 지적한 바 있다.[95] 미국의 잠재산출 추정치의 추세는 글로벌 금융위기 이후 계속 둔화되었고, 고용률도 코로나19 이전에도 글로벌 금융위기 이전 수준을 회복하지 못했다.

더구나 옐런이 강조했듯이 대담하게 행동하지 않는다면 코로나이전에도 심각했던 불평등이 더 악화될 것이므로 정부의 강력한 역할이 필수적이었다. 실제로 미국 정부는 중소규모 사업자들에 대한 고용과 소득지원 프로그램과 실업보험 확대를 통해 국민의 소득을 메꿔주었다. 미국구제계획의 1400달러 현금 지급도 소득하위 약 70퍼센트의 미국인들에게는 전액을 지급하고 그 이상 소득계층에게는 부분적으로 지급하며 최고소득층은 제외시켰다.

과열을 걱정할 정도로 대규모의 부양책을 둘러싼 미국의 논쟁은 우리에게도 시사하는 바가 컸다. 한국에서는 여당과 기재부 사이에 재난지원금 지급과 관련해 보편이냐 선별이냐를 둘러싼 논란이 계속 이어졌기 때문이다. 무엇보다도 방역으로 타격이 컸던 자영업자와 일자리를 잃은 이들, 그리고 고용보험 바깥의 취약한 노동자들과 같이 피해를 입은 계층에게 큰 지원을 하는 것이 바람직했을 것이다. 특히 연말정산과 세금 정보를 활용하여 중하위 소득계층과 소득이 감소한 이들에게 충분한 도움을 주는 노력이 필요했다. 논쟁의 핵심도 지급방식이 아니라 고통받는 이들에게 넓고 깊은 지원이 이루어질 수 있는지, 불황과 불평등을 극복하는 데 재정확장의 규모는 충분한지가 논의되었어야 했지만 그러지 못했다.

옐런은 재무부 직원들에게 보낸 메시지에서 경제학은 사람들을 돕는 수단이며 재무부 직원들도 경제정책이 사람들의 삶을 개선하는 도구라고 생각할 것이라고 썼다. 우리 정부의 경제학도 과연 그와 같았는지 진지하게 반성해야 할 것이다.

인플레이션을 둘러싼 별들의 논쟁

#인플레이션의 앞날을 둘러싸고 최고의 경제학자들과
　정책결정자들이 뜨거운 설전을 벌이다

인플레이션은 거시경제의 심각한 문제지만 최근 수십 년 동안 잊혀진 것처럼 보였다. 글로벌 금융위기와 코로나 경제위기를 거치며 인플레이션보다 불황과 디플레이션에 대한 우려가 커졌고 선진국 정부와 중앙은행은 '디플레 파이터'가 되었기 때문이다. 그런데 2021년 봄 이후 미국 경제학계에서 인플레이션 가능성을 둘러싸고 스타 경제학자들의 뜨거운 논쟁이 벌어졌다. 첫 라운드의 쟁점은 엄청난 경기부양책으로 인한 높은 인플레이션의 가능성이었다.

　미국은 트럼프 정부가 2020년 12월 9000억 달러의 추가부양책을 도입했고, 2021년 초 바이든 정부가 새로 1.9조 달러 규모의 미국구제계획을 발표했다. 이렇게 불황에 맞서 총력전을 기울인 결과 인플레이션이 높아질 수 있다는 주장이 제기되었던 것이다. 인플레에 대응해 연준이 금리를 인상하면 경기회복이 둔화되고 금융시장이 불안해질 수 있으며, 특히 부채가 크게 증가한 상황에서 금리인상은 경제를 위험에 빠뜨릴 수 있었다. 또한 높은 인플레는 실질임금을 하락시키고 분배도 악화시킬 수 있으니 문제였다.

논쟁의 포문을 연 이는 서머스 교수였다. 그는 경제의 모든 자원을 활용하여 만들어낼 수 있는 잠재산출과 현재의 산출 사이의 격차인 산출갭과 비교해 경기부양책 규모가 세 배나 돼, 경기가 과열되고 인플레가 나타날 수 있다고 우려했다. 블랑샤르와 뉴욕 연준 총재를 지냈던 빌 더들리Bill Dudley도 경기부양책과 개인의 지출 여력이 매우 크다며 서머스의 견해를 지지했다. 실제로 2020년 미국인의 개인소득은 정부의 재정지원으로 전년보다 약간 증가했고 소비는 크게 위축되어 저축이 약 1.6조 달러나 증가했다.

그러나 크루그먼 교수는 코로나와 싸우는 이번 부양책은 보통의 경기부양책과 다르고 잠재산출 추정도 정확하지 않다고 지적하며 이러한 우려를 일축했다.[96] 오바마 정부의 경제자문회 의장이었던 제이슨 퍼먼Jason Furman도 경기과열 가능성이 없지 않지만, 불황의 위험이 훨씬 크다며 대규모 부양책을 지지했다. 미국 정부는 인플레에 대한 우려는 현실적이지 않고 노동시장의 회복이 느려서 크게 행동하지 않는 위험이 더욱 크다고 강조했다. 옐런은 부양책으로 2022년에 완전고용을 달성할 것이고 인플레가 나타나면 막을 수단을 갖고 있다고 역설했다. 연준의 파월 의장도 당시 연설에서 "고용 회복이 중요하다"고 거듭 지적했다. 결국 인플레보다는 불황과 실업, 그리고 불평등이 훨씬 더 큰 걱정이라는 이야기였다.

실제로 2021년 1월 미국의 소비자물가상승률은 전년 대비 1.4퍼센트로 여전히 낮았다. 하지만 경기회복과 인플레에 대한 기대로 10년물과 30년물 국채금리가 빠르게 높아졌다. 특히 장기 기대인 플레이션을 반영하는 10년 물가연동채와 국채금리의 스프레드는 2.2퍼센트를 넘어 팬데믹 이전보다 더 높아졌다. 글로벌 금융위기 직후 양적완화 때와 달리 이번에는 재정지출이 크게 증가해 본원통화와 통화량이 함께 크게 증가했다는 것도 인플레와 관련해서 우려할 만했다.

그러나 당시로서는 대규모 부양책과 함께 미국에서 총수요의 과잉으로 경기가 과열되고 높은 인플레이션이 나타날 것을 예상하기가 쉽지는 않았다. 기업의 투자가 회복되기 어려웠고 장기실업과 불황의 상흔이 잠재산출마저 떨어뜨리는 이력효과가 걱정이었기 때문이다. 옐런과 파월의 긴밀한 협조는 이를 역전시키기 위한 노력이라 할 수 있었다. 무엇보다도 인플레 우려는 필립스곡선과 물가를 안정시키는 자연실업률(경제 산출량과 고용이 완전고용 수준을 유지하며 인플레이션이 높아지지 않는 상태의 실업률)이 존재한다는 믿음에 기초하고 있었지만 크루그먼도 지적하듯 이 개념들은 튼튼하지 않았다. 또한 잠재산출 추정치는 너무 낮고 자연실업률 추정치는 높다는 비판이 높았다. 예를 들어 2019년에는 현실의 산출이 잠재산출보다 높고 실업률이 3.7퍼센트까지 낮아졌는데도 인플레이션이 높아지지 않았다. 그러고 보면 미국경제는 이미 오랫동안 너무 차가웠다고 할 수 있다.

현실에서는 이러한 낙관론과는 반대로 그리고 서머스 등이 예상한 바와 같이 2021년 하반기부터 미국의 인플레이션이 빠르게 높아졌다. 미국의 전년 대비 소비자물가상승률은 2021년 5월 5퍼센트로 높아진 후 계속 상승해 2022년 6월 9.1퍼센트까지 높아졌고 2022년 말에도 약 7퍼센트 수준으로 높았다. 그러나 파월은 인플레이션이 일시적인 문제라고 생각하는 이른바 일시적 인플레 팀team transitory에 서서 금리인상을 2022년 초에야 뒤늦게 시작했다. 돌이켜보면 2021년 이후 미국의 인플레이션은 생각보다 높게 그리고 오래 지속되어 결과적으로 서머스와 같은 지속적 인플레 팀team permanent의 주장이 맞았던 것이다. 따라서 크루그먼은《뉴욕타임스》에 공개적으로 반성문을 올리기도 했다.[97]

하지만 급등한 인플레이션의 원인으로 과연 재정확장과 같은 총수요 요인이 핵심적이었는가에 관해서는 논쟁의 여지가 존재한다. 팬데믹 이후 나타난 높은 인플레이션은 코로나19로 인한 공급망 마비와 우크라이나 전쟁으로 인한 에너지와 곡물가격 상승 그리고 중국의 경제봉쇄 등 공급측의 문제와 큰 관련이 있었기 때문이다. 공급이 억제된 상황에서 수요가 회복되자 물가상승 압력이 높아졌던 것이다.

특히 팬데믹의 여파로 서비스업에 대한 소비지출은 억제되었지만 대신 내구재에 대한 소비가 크게 증가한 소비구조의 불균형도 공급망이 교란된 현실에서 상품가격의 상승을 크게 자극했다.[98] 결국 인플레이션이 급속히 높아졌고 오래 지속되었지만 그 원인에 대해서는 수요측과 공급측을 모두 고려하는 노력이 필요했다. 실제로 2023년 5월 브루킹스연구소의 콘퍼런스에서 버냉키와 블랑샤르가 발표한 연구는 주목할 만하다. 이들은 2021년 이후 미국의 인플레이션이 주로 총수요 확대와 우크라이나 전쟁을 배경으로 나타난 에너지와 식

품가격 상승과 공급망이 마비된 일부 상품의 가격 상승으로 인한 것이라고 보고했다.[99]

한편 2023년 이후에는 이전과 반대로 인플레이션이 빠르게 낮아져 비관론이 잦아들고 다시 낙관론자들의 목소리가 다시 커졌다. 미국의 소비자물가 상승률은 2023년 6월 전년 대비 3퍼센트까지 하락했다. 에너지와 식품가격을 제외한 근원물가 상승률은 5퍼센트로, 그보다는 높았다. 서머스 같은 경제학자들은 역사적인 경험에 대한 분석을 통해 인플레를 목표치 연간 2퍼센트까지 하락시키기 위해서는 금리인상과 총수요 위축을 통해 실업률을 매우 높게 유지하는 것이 필요할 것이라 주장해왔다.[100] 그러나 미래의 기대인플레이션은 우려와 달리 높아지지 않았고 공급망 회복을 배경으로 심각한 경제침체와 실업 없이 미국의 인플레이션은 상당히 낮아졌다.

크루그먼은 2023년에는 인플레이션의 하락 과정에서 새로운 라운드의 논쟁이 나타났다고 지적했다. 인플레 하락을 위해 수년간 심각한 실업이 필요하다는 스태그플레이션 팀team stagflation 대 실업률 급등 없이도 인플레가 낮아질 것이라는 소프트랜딩 팀team softlanding 사이의 논쟁이 그것이다. 그에 따르면 2023년 중반 인플레이션의 하락은 자신이 속한 소프트랜딩 팀을 지지하는 것이어서 2라운드에서는 자신이 맞은 셈이다.[101]

물론 일각에서는 실업률이 낮고 구인율이 높아서 노동시장이 뜨거운 상태이므로 임금상승이 지속돼 앞으로 인플레이션 압력으로 이어질 가능성도 배제할 수 없다고 주장한다. 하지만 버냉키와 블랑샤르의 연구도 보고하듯, 2022년까지는 노동시장 과열과 임금상승이 인플레이션을 자극했다는 증거는 없었다. 중앙은행과 여러 경제학자가 우려한 바와는 달리 이번 인플레이션에서 임금상승이 물가상승으로 이어지고 다시 임금상승을 촉발하는 임금-물가 악순환은 나타나지 않았던 것이다. 국제통화기금 등의 여러 연구도 이와 같은 결론을 지지하고 있다.[102]

반면 진보적인 학자들은 팬데믹 이후 경제회복 과정에서 공급측 충격을 틈타서 시장을 지배하는 기업들이 가격을 인상해 인플레이션 상승에 이윤 증가가 중요한 역할을 했다고 비판했다. 이런 '탐욕인플레이션greedflation' 주장은 인플레이션의 책임이 노동자가 아니라 기업에게 있다는 이야기다. 이들은 경제침체를 가져오는 긴축보다 정부의 직접적인 가격통제가 효과적인 수단이라고 주장한다. 실제로 유럽 국가들은 에너지와 식품가격에 대한 통제를 도입하기도 했다.

팬데믹 이후 예상외로 급등한 미국의 인플레이션은 2023년 중반 이후 낮아졌지만 그 앞날에는 여전히 불확실성이 존재한다. 그럼에도 인플레이션의 변화를 둘러싸고 최고의 경제학자들과 정책결정자들이 치열한 논쟁을 벌였고, 서로 다른 관점에서 거시경제정책을 둘러싸고 뜨거운 설전을 전개했다는 것은 배울 만한 점이었다. 특히 새로운 거시경제학 연구와 정책 사이에 흥미진진한 상호작용이 나타났다. 그리고 보면 최근 인플레이션이 주는 중요한 교훈은 인플레이션의 원인과 책임 그리고 적절한 대응에 대해 이해를 발전시키기 위해 끊임없는 논쟁이 필요하다는 것이다.

통화정책은 불평등에
책임이 있을까

#확장적 통화정책은 소득불평등을 개선할 수 있지만
부의 불평등은 심화시킬 수 있다

2021년 8월 한국은행이 가계부채 급증과 자산가격 상승으로 인한 금융불균형을 우려해 0.5퍼센트에서 0.75퍼센트로 기준금리를 인상했다. 이해가 되지 않는 바는 아니지만, 코로나19로 인해 경기가 나쁘고 재정확장도 제한적인 현실에서 고용에 미치는 악영향에 관해서는 우려할 만도 했다.

세계적으로 볼 때 또 다른 중앙은행의 최근 고민은 역시 불평등이다. 글로벌 금융위기 이후 제로금리와 양적완화로 자산가격이 급등하고 불평등이 심화되었다는 비판이 높았고 팬데믹 이후도 마찬가지였기 때문이다. 중앙은행의 두 가지 중요한 목표는 '물가안정'과 '완전고용'이지만 최근에는 중앙은행가들의 연설에서도 불평등을 언급하는 빈도가 크게 높아졌다. 한국은행의 금융통화위원회에서도 2021년 당시 완화적 통화정책이 불평등에 미칠 수 있는 악영향을 논의했다고 한다.

통화정책이 불평등에 미치는 영향은 복잡하다. 금리인하 같은 완화적인 통화정책은 고용을 증가시켜 저소득층의 노동소득을 높일 수 있지만 동시에 자산가격을 상승시켜 부자들을 더 부자로 만들 수 있다. 그밖에도 금리 변화와 인플레이션은 저축자와 차입자 사이, 그리고 보유한 자산의 종류에 따라 다양한 분배효과를 발생시킨다.

여러 실증연구들은 전반적으로 확장적 통화정책이 소득불평등을 감소시킨다고 보고한다. 미국의 장기적인 자료를 검토한 연구에 따르면, 금리인상의 충격이 저소득층의 노동소득을 줄여 가구소득과 지출의 불평등을 심화시켰다.[103] 일자리 사정을 개선하여 불평등을 개선하는 데는 아무래도 완화적 통화정책이 도움이 된다는 것이다. 실제로 1980년대 초 인플레를 억누르기 위한 미국의 금리인상은 심각한 불황과 실업을 유발해 불평등을 심화시켰다. 당시 많은 이들은 고금리정책이 금융자본에 도움이 되고 산업 투자와 노동자들에게 악영향을 미친다고 비판했다.

그러나 글로벌 금융위기 이후에는 상황이 바뀌었다. 위기 이후 특히 부의 불평등이 심화된 반면 경기회복은 더뎌서 분노한 시민들이 월스트리트를 점거하는 시위를 벌였다. 보수우파도 양적완화와 같은 연준의 매우 확장적인 통화정책이 자산가격을 급등시키고 불평등을 심화시켰다고 비판의 목소리를 높였다. 월스트리트저널의 한 칼럼 제목은 '연준은 상위 1퍼센트 부자들에게 어떻게 도움이 되는가'였다.

하지만 국제결제은행의 한 보고서는 1980년대 이후 장기적인 소득과 부의 불평등의 변화에 미치는 통화정책의 영향은 제한적이며 기술변화나 세계화와 같은 요인들이 더 중요했다고 강조한다.[104] 특히 완화적 통화정책에도 불구하고 2007년 이후 2019년까지 선진국에서 상위 1퍼센트와 10퍼센트가 전체 부에서 차지하는 비중은 별로 높아지지 않았다. 소유가 집중된 주식과 달리 주택가격 상승으로부터는 중산층을 포함한 많은 사람이 이득을 본다는 점도 잊지 말아야 한다. 이 기관은 불평등에 맞서기 위해선 통화정책의 변화보다는 소득재분배를 위한 재정정책과 구조개혁이 필요하다고 지적했다.

최근에는 각국의 상세한 자료를 사용한 실증연구들이 발전되고 있다. 예를 들어 2000년대 스웨덴의 행정자료를 사용한 연구는 금리인하가 하위 20퍼센트 저소득층의 노동소득을 높였고 동시에 상위 10퍼센트의 자본소득을 높였다고 보고한다. 그 결과 지니계수는 별다른 변화가 없었지만 상위소득 집중도는 높아졌다.[105] 반면 덴마크의 세금자료를 사용한 연구는 금리인하가 부채와 위험자산 등의 비노동소득 경로를 통해 고소득층, 특히 상위 1퍼센트의 소득과 소비를 더 많이 높여 불평등을 심화시켰다고 보고한다.[106] 또한 확장적 통화정책은 상위계층의 자산가치를 크게 높이는 효과가 있었다. 2018년 한국은행의 연구는 한국에서는 기준금리 인하가 지니계수를 낮추었지만 그 효과가 미미해 통화정책 충격이 소득불평등에 미치는 영향은 작았다는 결과를 제시한다.[107]

앞으로 더 많은 연구가 발전되어야 하겠지만, 통화정책과 불평등을 둘러싼 논란은 중앙은행의 딜레마를 잘 보여준다. 중앙은행은 금융위기에 대응하여 금리를 제로로 낮추고 무제한으로 돈을 풀어 위기에 빠진 경제를 구해냈지만, 그 부작용으로 자산불평등이 심화되었던 것이다. 그러나 이를 억제하기 위해 긴축적인 통화정책을 펴는 것은 많은 저소득층에 피해가 갈 것이니 또한 받아들이기 어려운 일이다.

이러한 딜레마는 글로벌 금융위기 이후 재정확장이 부족해 통화정책이 '거시경제 안정'이라는 무거운 짐을 홀로 떠맡았다는 현실과 관련이 깊다. 그리고 보면 팬데믹 이후 적극적 재정정책의 귀환과 부자증세의 추진은 반가운 소식이다. 불평등 개선을 위해서는 또한 취약한 노동자들의 협상력 강화나 독점 억제와 같은 정책도 필요할 것이다. 이러한 노력이 실패한다면 불평등에 대한 불만을 배경으로 통화정책에 대한 정치적 압력이 더욱 커질지도 모른다.

빅테크 기업의 독점을 막아라

#혁신과 평등에 악영향을 미치는 빅테크
  기업의 시장지배는 우려할 만하다

"경쟁 없는 자본주의는 자본주의가 아니고 착취일 뿐이다."

2021년 7월 바이든 대통령이 경쟁을 촉진하기 위한 조치들을 담은 행정명령에 서명하기 전 연설에서 했던 말이다. 이 행정명령은 경쟁을 억제하는 기업합병과 플랫폼기업의 불공정한 행태를 규제하며 노동자의 경쟁기업 이직을 금지하는 계약을 제한하는 등 여러 내용을 담았다. 그는 또한 별명이 '아마존 킬러'인 32살의 리나 칸Lina Khan을 연방거래위원회의 수장으로 임명했다. 미국 하원은 이미 2021년 6월에 빅테크 기업의 독점을 규제하는 강력한 법안들을 발의했다. 바야흐로 빅테크 기업과 미국 정부 사이에 전쟁이 시작되었다는 전망이 제기되기도 했다.

  이러한 정책 변화는 최근 미국경제에서 산업의 집중이 심화되어 여러 경제문제를 일으키고 있다는 우려와 비판을 배경으로 한 것이었다. 많은 경제학 연구들은 1990년대 이후 미국경제에서 경쟁이 약화되고 신규기업의 진입이 줄어들어 혁신과 생산성 상승이 둔화되고 투자가 정체되고 소득불평등이 악화되었다고 보고한다. 한 실증연구는 1990년대 후반 이후 75퍼센트 이상의 미국 산업에서 산업집중도가 심화되고, 이 산업 기업들의 이윤마진이 높아졌다고 지적한다. 또한 다른 연구에 따르면 경쟁 약화로 인해 가격과 한계비용의 비율을 나타내는 마크업이 1980년대 이후 지속적으로 높아졌다.[108]

물론 혁신을 주도하는 선도기업이 산업을 지배하게 되는 것이 나쁜 일만은 아니다. 하지만 2019년《대역전The Great Reversal》이라는 저작에서 미국경제의 독점 심화를 비판한 필리퐁Thomas Philippon 교수 등의 최근 연구는 2000년대 이후의 산업집중은 이전과 반대로 나쁜 집중이 되었다고 비판한다.[109] 경쟁이 줄어들고 진입장벽이 높아져 가격이 높아지고 투자와 혁신 그리고 생산성 상승이 둔화되었다는 이야기다. 슘페터Joseph Schumpeter의 혁신을 강조하는 여러 연구도 선도기업이 혁신을 수행해 시장지배력을 확대한 이후에는 관련특허를 인수하거나 경쟁기업을 합병해 지식의 전파를 억제하고 신규기업의 진입을 가로막는다고 강조한다.[110]

실제로 혁신보다 시장지배에 기초한 지대를 추구해온 거대기술기업들의 행태가 이를 잘 보여준다. 구글, 아마존, 페이스북, 애플 등 플랫폼을 장악한 빅테크 기업들은 여러 방식으로 경쟁을 억누르고 시장지배력을 강화했다. 페이스북은 잠재적인 경쟁기업을 아예 인수해 경쟁의 싹을 잘랐다. 또한 아마존은 시장지배력을 동원하여 경쟁업체를 압박하고 결국 합병도 했다. 따라서 경제학자들은 반독점정책이 시장점유율이나 가격변화보다 혁신이나 새로운 기업의 진입, 경쟁기업의 연구개발 그리고 새로운 시장의 창출 등을 고려해서 역동적인 경쟁을 촉진하는 방향으로 나아가야 한다고 강조해왔다.

경쟁의 약화는 또한 소득에서 임금이 차지하는 노동소득분배율을 하락시켜 불평등을 악화시킨다. 2000년대 이후 미국경제의 노동소득분배율은 빠르게 하락했는데 여러 실증연구는 이러한 변화가 소위 슈퍼스타기업에서 뚜렷하며 산업의 독점 심화와 관련이 크다고 보고한다. 미국 노동시장에서 수요독점의 심화도 임금상승이 정체되고 불평등이 심화된 한 요인으로 지적되고 있다.[111] 사정이 이러니 이제 독점에 대한 비판이 정치의 좌우를 막론하고 거세게 전개되고 있다는 점이 매우 흥미롭다. 《파이낸셜타임스》는 이미 2019년 9월 자본주의의 리셋이 필요하다고 선언하고 독점에 기초한 지대자본주의를 개혁해야 한다고 강조했다.

한 국제비교 연구에 따르면 재벌대기업이 시장을 지배하는 한국의 마크업은 1980년에서 2016년 사이 아시아 지역에서 가장 크게 높아졌고, 그 정도가 미국과 비슷할 정도로 높았다.[112] 몇년 전부터 한국에서는 '카카오'와 '네이버' 그리고 배달업체 등 플랫폼 기업의 시장지배와 노동억압에 대한 우려가 커져왔다. 제대로 된 역동적인 자본주의를 만들기 위해서는 미국만이 아니라 한국경제에도 독점을 깨고 경쟁을 촉진하기 위한 노력이 필수적이다.

경제 패러다임의 전환과 한국 대선

#다음 대선에선 반드시 불평등의 개선과
적극적인 재정의 역할에 관한 격론이 필요하다

2020년 10월 서머스 교수는 한 인터뷰에서 "현재 거시경제정책이 또 다른 혁명적인 변화의 시대에 들어섰다"고 말했다.[113] 인플레이션에 대응해 통화정책이 경제 안정화를 위한 주된 수단이 되었던 40년 전과 유사한 커다란 변화가 나타나고 있다는 것이었다. 변화의 핵심은 역시 재정정책이었다.[114] 케인스주의가 후퇴한 이후 오랫동안 보수적인 거시경제학이 득세했고 재량적인 재정정책에 반대하는 목소리가 컸다. 그러나 그 결과는 장기적인 경제 정체였다. 글로벌 금융위기와 유럽 재정위기 이후 긴축의 악영향이 생생하게 드러났고, 코로나19 팬데믹은 마침내 '큰 정부'와 재정정책의 귀환을 낳았다.

팬데믹에 대응해 각국 정부는 소득과 일자리를 지키기 위해 적극적으로 노력했다. 실제로 선진국들은 코로나19에 맞서 재정적자와 국가채무 증가를 무릅쓰고 평균적으로 GDP의 약 12퍼센트에 달하는 재정지출을 실시할 정도였다. 이는 경제위기와 같은 충격이 신기술도입 투자 둔화와 장기실업을 가져오고, 생산성과 장기적인 경제성장에도 악영향을 미친다는 새로운 이해에 기초한 것이었다. 즉 '이력효과'에 관한 거시경제학 연구가 그것이다.[115] 또한 금리가 경제성장률보다 낮은 시대에는 정부부채비율 상승에 대한 우려가 낮으며, 공공투자의 확대가 성장과 재정에 도움이 될 수 있기 때문이었다.

2021년 바이든 정부는 경기부양을 위해 1.9조 달러 규모의 미국구조계획을 도입하고 이후 약 1조 달러 규모의 장기적인 인프라 투자 법안을 통과시켰다. 물론 막대한 규모의 경기부양과 특히 공급측의 병목으로 인해 인플레 우려가 높아졌고, 대규모 사회안전망 투자 계획은 거센 정치적 반대에 직면했다. 그러나 긴축의 시대가 종말을 고했다는 점은 분명했다. 공공투자를 통한 총수요 확대와 공급측 쪽 기술혁신의 선순환으로, 생산성 상승이 촉진되고 경제의 장기정체를 극복할 수 있을 것이라는 기대도 높아졌다.

패러다임 전환의 두 번째는 불평등이었다. 세계적으로 오랫동안 악화되어온 불평등에 대한 우려가 여전히 높다. 실제로 여러 경제학 연구들은 불평등이 총수요 부족, 저소득층의 교육 투자 저해 그리고 사회 갈등 심화를 통해 성장에 악영향을 미친다고 보고한다.[116] 이제 경제학자들은 불평등에 관해 기술변화나 세계화 등의 요인과 함께 노동자의 협상력 약화와 경제정책의 책임도 크다고 강조하고 있다.

따라서 수년 전부터 각국은 불평등을 개선하고 포용적 성장을 촉진하기 위한 노력을 기울여왔다. 캐나다 정부는 재정확장과 부자증세를 통해 성장과 분배에서 성과를 거두었다. 영국은 보수당 정부에서 꾸준히 최저임금을 올렸고, 2015년부터 최저임금을 도입해 성과를 거둔 독일의 새 정부는 2022년 10월 최저임금을 2021년 수준에 비해 25퍼센트나 올렸다. 재정위기로 고통을 겪은 남유럽 국가들도 최근 재정확장과 소득재분배, 최저임금인상을 위해 노력해왔다. 포르투갈은 확장적 재정정책으로 성장에 성공했고, 스페인은 2019년 최저임금을 22퍼센트 인상했다.

아시아에서도 일본은 2016년 아베노믹스 2단계에서는 분배와 성장의 선순환을 강조했고, 최근 기시다 정부는 노동자들의 임금을 올리고 소득분배를 개선하는 새로운 자본주의를 추진하고 있다. 중국 정부는 2012년 이후 임금과 소비를 확대하는 내수 중심의 경제성장으로 성장 전략을 전환했다. 중국은 최저임금인상과 재정지출 확대를 배경으로 2010년 이후 10년 동안 목표했던 소득 배증에 성공했고 불평등도 상당히 개선되었다.

글로벌 금융위기와 팬데믹으로부터 거시경제학이 얻은 분명한 교훈은 긴축과 불평등이 경제에 나쁘다는 것이었다. 이러한 패러다임 전환기에 2022년 3월 대통령선거를 맞은 한국에서 후보들은 어떻게 불평등을 개선하고 어떤 재정정책을 펼 것인지 비전을 제시했어야 했다. 하지만 이재명 후보의 기본소득이 현실에서 어떻게 불평등을 개선할 수 있을지, 윤석열 후보는 소득분배 개선을 위해 어떤 정책을 갖고 있는지 뚜렷하지 않았다. 심상정 후보는 시민최저소득과 전국민 소득보험을 제시했는데, 여러 공약에 대한 검증과 논쟁은 제대로 발전되지 못했다.

한편 한국 정부는 코로나19에 대응한 지출이 다른 선진국에 비해 매우 적었고, 정부부채비율 상승은 상대적으로 낮았지만 가계부채비율은 크게 높아졌다. 여야가 모두 손실보상을 이야기했지만 말만 무성했다. 2022년 대통령선거 과정에서 새로운 미래와 재정의 역할에 관해 후보들의 격론을 기대했지만 언제나 그렇듯 실망스러웠다. 한국경제 패러다임의 전환은 아직 갈 길이 멀고도 멀다.

나랏빚은 얼마만큼
높아져도 괜찮을까

#애초에 적절한 부채비율이란 존재하지 않는다

"국가부채비율의 적정수준은 얼마라고 생각하십니까?"

2022년 3월 대선후보 토론회에서 설전이 벌어졌다. 이 질문에 이재명 후보는 국제통화기금이 선진국의 경우 GDP 대비 85퍼센트를 제시했다고 말했다. 반면 윤석열 후보는 "한국은 비기축통화非基軸通貨 국가라서 국가채무비율을 낮게 유지해야 하며 50~60퍼센트가 넘으면 어렵다"고 주장했다. 그러자 이재명 후보는 "원화가 기축통화가 될 가능성이 높다"고 말했고, 토론 이후 이를 비판하는 주장들이 제기되었다. 덕분에 온 국민이 '기축통화key currency'라는 단어를 듣게 되었다.

도대체 기축통화가 뭐길래 시끄러웠고 국가채무비율과는 무슨 관련이 있을까? 사실 기축통화란 엄밀한 개념은 아니다. 원론적으로 국제결제나 금융거래에 주로 사용되는 통화인 달러를 의미하지만, 넓게 보면 유로와 파운드, 그리고 엔까지 포함할 수 있을 것이다. 이재명 후보는 원화가 국제통화기금의 특별인출권을 구성하는 통화바스켓에 편입될 수 있다는 보도에 기초해 그런 말을 했다지만, 일반적인 의미의 기축통화와는 거리가 멀어서 논란을 불러일으켰다.

하지만 기축통화 여부는 적절한 국가채무비율과 별 관련이 없다. 경제학 연구나 국제기구들은 국가채무비율을 평가할 때 기축통화냐 아니냐를 중요하게 고려하지 않는다. 실제로 국제통화기금도 2021년 보고서에서 한국의 정부부채비율 전망에 관해 선진국 상한인 85퍼센트에 기초해서 평가했다.

각국의 자료를 보면 달러와 유로, 넓게 봐서 파운드와 엔화를 쓰지 않는 선진국들의 국가부채비율은 상대적으로 낮긴 하다. 그러나 기축통화를 쓴다고 해서 국가부채비율이 더 높아져도 되는 것은 아니다. 재정에 근본적으로 중요한 것은 통화주권이다. 필요한 경우 중앙은행이 통화를 발행하여 국채를 인수할 수 있기 때문이다. 최근에는 동남아시아 국가들도 코로나19에 대응해 재정지출을 늘리고 중앙은행이 국채를 매입하기도 했다. 반면 그리스의 경우는 기축통화인 유로화를 쓰지만 정부부채 위기를 피하지 못했다.

물론 거시경제의 불균형이 심각하고 대외신인도와 통화의 위상이 낮은 개도국들은 특히 국채에 대한 외국인투자 비중이 높은 경우 국가채무비율이 크게 높아지면 자본유출과 환율위기 등의 문제를 겪을 수도 있다. 하지만 2021년 한국 국채의 외국인 보유비중은 약 17퍼센트로 낮고, 경상수지나 외환준비금, 국가부도 위험 등을 볼 때 한국의 대외신인도는 매우 높았다.

그렇다면 기축통화든 아니든 나랏빚, 즉 국가채무비율은 얼마만큼 높아져도 괜찮은 것일까? 정답은 정확한 숫자는 없다는 것이다. 여러 거시경제학자는 적절한 국가채무비율이 고정된 수치가 아니라 경제성장률과 금리, 그리고 성장전망 등에 따라 달라질 것이라고 강조한다. 국제통화기금은 과거 외환위기의 선행지표에 관한 연구에 기초해서 2013년에 선진국 85퍼센트, 신흥국 60퍼센트를 제시했지만, 이는 과거의 수치이며 이미 대부분 선진국의 부채비율은 훨씬 높은 현실이다. 연구결과도 서로 달라서 국제통화기금과 무디스 Moody's의 연구는 2015년 한국의 지속가능한 최대 부채비율이 현실 수치보다 약 200퍼센트포인트나 높아서 재정 여력이 세계 최고라고 보고하기도 했다.[117]

최근의 거시경제학 연구들은 경제성장률보다 국채금리가 낮은 상황에서는 기초재정수지 적자가 크지 않다면 정부부채비율이 안정화될 것이므로 일시적인 재정적자와 부채비율 상승을 너무 걱정할 필요가 없다고 강조한다.[118] 또한 위기의 상흔으로 인한 소위 이력효과를 극복하지 못하면 잠재성장률이 하락할 수 있기 때문에 적극적인 재정확장이 성장과 재정에도 도움이 될 수 있다. 특히 재정정책의 기준으로서 고정된 수치의 정부부채비율을 고집하는 것은 금리와 미래의 성장률 변화를 고려하지 못하는 한계가 크다. 따라서 최근 퍼먼과 서머스의 연구는 정부부채비율 자체보다 GDP 대비 국채이자지급액을 고려하는 것이 바람직하다고 지적한다.[119]

2022년 재정정책의 핵심은 위기를 완전히 극복하고 성장률 하락을 막기 위해 적극적인 재정확장이 필요하다는 것이었다. 또한 생산성과 출산율을 제고하는 공공투자 확대는 미래의 성장을 촉진하여 재정에 도움을 줄 수 있다. 그럼에도 한국은 비기축통화국이니 국가채무비율을 낮게 유지해야 한다는 목소리가 여전히 높았지만 이는 잘못된 생각이었다. 실제로 국제비교의 기준이 되는 IMF 기준 GDP 대비 일반정부 부채비율은 2021년 한국이 51.3퍼센트로 선진국 평균 117.4퍼센트에 비해 크게 낮았다. 이는 소위 비기축통화국들 중에서도 중간 정도였다. 정부 기준 국가채무는 일반정부 부채에서 비영리공공기관의 부채를 제외한 것인데, 2021년 GDP 대비 국가채무비율은 46.7퍼센트였다. 하지만 국가채무 중 약 38퍼센트는 대응자산이 있는 금융성 채무로서 상당 부분이 외환시장의 안정을 위한 것이다. 이를 빼면 2021년 국가채무비율은 GDP 대비 28.7퍼센트로 낮아진다.

멀리 보면 진짜 문제는 일본처럼 장기적으로 재정적자가 누적되고 국가채무비율이 끝없이 상승하는 일일 것이다. 세계 최저인 출산율과 최고로 빠른 고령화로 인해 수십 년 후 한국의 미래가 그럴지도 모른다. 실제로 대선공약의 실현에 여야 모두 약 300조 원의 재정지출이 필요하다는데 공약에서 증세를 포함한 재원조달 계획은 찾아보기 어려웠다. 정말로 재정건전성을 생각한다면 어느 후보든 증세 의제를 꺼내야 하겠지만, 선거에서 그런 이야기는 역시 표에 도움이 되지 않는 법일까? 재정의 철학과 미래에 관한 논쟁은 없이 기축통화 논란만 시끄러웠으니 안타까운 일이었다.

금리인상이 인플레이션을
막을 수 있을까

#급속한 금리인상은 노동자들의 삶에 악영향을 미칠 수 있다

2022년 들어 세계경제에서 가장 심각한 문제는 누가 뭐래도 인플레이션이었다. 그해 5월이 되자 미국의 전년 대비 소비자물가상승률은 8.3퍼센트, 한국은 5.4퍼센트로 크게 높아졌다. 이에 대응해 연준과 한국은행의 기준금리인상이 이어졌다. 그러나 금리인상이 인플레를 억제하는 데 과연 효과적일 수 있을까? 당시의 높은 인플레는 경기과열보다는 우크라이나 전쟁과 관련된 에너지와 곡물가격 급등과 코로나19 재확산으로 인한 중국의 도시봉쇄와 관련이 컸다. 수요를 억제하는 금리인상이 공급망 문제를 해결할 수는 없기 때문에 관세인하나 독점기업의 가격과 이윤 규제 등 대안적인 정책들이 필요하다는 주장도 제기되었다.

물론 기대인플레가 높아지는 것을 억제하기 위해 금리인상이 필요했을 수도 있다. 특히 노동자들이 임금인상을 요구하고 다시 가격이 인상되어 인플레이션이 통제하기 어려울 정도로 높아지는 임금-물가 악순환에 대한 우려가 존재했기 때문이다. 이는 70년대 스태그플레이션 시기의 경험이기도 하다. 제12대 연준 의장 폴 볼커Paul Volcker는 1979년에서 1981년까지 기준금리를 11.5퍼센트에서 20퍼센트까지 급속히 인상해 인플레를 잡기 위해 총력을 다했다. 금리인상으로 실업률이 10퍼센트를 넘을 정도로 심각한 불황이 발생했고 수백만 명이 일자리를 잃었지만, 결국 인플레는 하락하기 시작했다.

볼커의 금리인상은 불황을 유발해 노동자들의 힘과 임금인상을 둔화시키기 위함이었다. 그는 레이건 정부의 항공관제사 파업에 대한 강경진압이 반인플레이션 투쟁에서 가장 중요한 사건이었다고 말한 바 있다. 이러한 시각은 2022년에도 비슷했다. 경기회복이 가속화되어 2022년 5월 미국 실업률이 3.6퍼센트로 매우 낮아져 노동시장이 과열상태이기 때문에 앞으로 임금-물가 악순환이 가속화될 가능성이 높다는 것이었다. 이를 막기 위해 금리가 급속하게 인상된다면 결국 노동자들의 임금과 협상력을 억누르게 될 것이다.

하지만 2022년의 현실은 70년대와 크게 달랐다. 국제결제은행의 보고서에 따르면 선진국에서 현재 임금-물가 악순환이 나타날 가능성은 희박했다.[120] 무엇보다 1980년대 이후 노조조직률이 크게 하락했고, 임금협상에서 물가상승으로 높아진 생활비를 자동적으로 연동하는 사례도 1970년대에 비해 크게 줄어들었다. 2022년 연준의 한 연구도 계급갈등 인플레이션 이론에 기초해 노동자들의 협상력 약화가 실업률이 낮을 때 인플레이션이 높아지는 필립스곡선을 죽인 중요한 이유라고 지적했다.[121] 실제로 과거 인플레와 임금상승 사이에는 밀접한 관련이 있었지만 2000년대 이후에는 그런 관계가 거의 사라졌다. 노동자들의 힘이 약화되어 실업률과 인플레이션, 임금상승 사이에 연관이 약해졌다면, 임금-물가 악순환을 우려할 이유는 별로 없을 것이다.

정작 2021년 미국경제는 높은 인플레에도 불구하고 명목임금인 상률은 그보다 낮아서 실질임금과 임금몫이 하락했고 기업의 이윤은 증가했다. 2022년에도 많은 국가에서 노동자들의 실질임금이 하락했다. 한 분석에 따르면, 2019년까지 40년간은 미국 비금융기업부문의 가격상승에서 단위노동비용 상승이 차지하는 비중이 약 62퍼센트였고 이윤증가의 기여분이 약 11퍼센트였는데, 코로나19 이후 2021년 말까지는 그 비중이 각각 8퍼센트와 54퍼센트로 이윤증가가 큰 비중을 차지했다.[122]

최근 한국에서도 미국과 비슷하게 인플레 앞에서 임금인상을 우려하는 목소리가 커졌다. 추경호 경제부총리는 2022년 6월 "경쟁적인 가격 및 임금인상은 인플레이션 악순환을 야기시킬 수 있다"며 임금인상 억제를 주문했다. 동시에 정부는 규제혁파와 법인세 감세 등으로 기업을 지원할 것이라 발표했다. 이는 인플레에 대응하는 정책의 계급적 성격을 잘 보여주었다. 그러나 급속한 금리인상은 현재의 인플레를 억제하는 효과는 제한적인데 반해, 노동자들의 삶을 악화시킬 수 있다는 점을 잊지 말아야 한다.

잭슨홀, 파월의 변신

#2022년 연준이 인플레에 관한 입장을 완전히 바꾸다

잭슨홀Jackson Hole은 와이오밍주의 작은 휴양도시인데 이제 금융시장에 관심이 많은 한국인이라면 너도나도 이야기할 정도로 유명해졌다. 이곳에서 매년 여름 연준의 통화정책 방향을 가늠할 수 있는 콘퍼런스가 열리기 때문이다. 2022년 8월에 열린 미팅에서 파월 의장은 매우 짧은 연설을 통해 "경기를 희생해서라도 인플레이션을 확실히 잡겠다"고 역설했다.[123] 금리인상으로 기업과 가계의 어려움이 커지겠지만 인플레를 잡지 못하면 고통이 더 클 것이기 때문에 오랫동안 긴축 통화정책이 필요하다는 것이었다.

당시는 2022년 6월과 7월 금리를 대폭 인상한 연준이 앞으로 금리를 얼마나 높이 오래 인상할지가 많은 이들의 관심이었다. 7월 개인소비지출 인플레이션이 전월 대비 하락해 인플레이션이 정점을 찍은 듯했고, 경기둔화 우려가 커지면서 정책 방향의 변화에 대한 기대가 제기되기도 했다. 그러나 파월은 이에 대해 선을 그었고 잭슨홀 이후 주식시장은 폭락했다.

이는 인플레이션이 주로 공급측 문제이며 일시적인 것이라 주장했던 2021년 잭슨홀 연설과 대조되는 내용이었다. 연준은 2022년에 급속히 높아진 인플레 앞에서 인플레 심리가 고착되지 않도록 단호하고 지속적인 긴축을 천명했던 것이다. 파월은 2022년 잭슨홀 연설에서 통화정책과 인플레의 역사로부터 배운 교훈들을 제시했다. 먼저 중앙은행이 낮고 안정적인 물가를 유지하는 것이 가능하고 그래야만 한다는 것이었다. 둘째 대중의 기대인플레이션이 인플레 경로 변화에 중요한 역할을 하며, 셋째 인플레이션을 억제할 때까지 긴축을 유지해야 한다는 것이었다.

그러나 여전히 논쟁의 여지가 없지 않았다. 연준은 팬데믹 이전에는 2퍼센트 인플레 목표를 달성하지 못했고, 2017년 당시 의장이던 옐런은 연준이 인플레이션을 제대로 이해하지 못하고 있다고 말했다. 수년간 실업률이 낮아졌지만 인플레이션이 높아지지 않는 현실이 수수께끼와 같았기 때문이다. 2022년 잭슨홀 발표에서 국제통화기금의 수석경제학자 고피나트Gita Gopinath도 현존하는 경제모델은 최근 인플레이션 급등을 설명할 수 없다고 지적했다.

또한 파월이 말한대로 연준의 금리인상은 무엇보다 기대인플레이션 상승으로 임금이 상승하고 그것이 다시 물가를 부추기는 악순환을 우려한 것이었다. 이를 막기 위해서는 경기둔화와 실업 증가가 필요하다는 이야기였다. 몇몇 경제학자들은 빈 일자리 비율이 높고 노동시장이 과열상태라서 실업률의 대폭 상승 없이는 임금상승 압력이 낮아지지 않을 것이라고 주장하기도 했다.

하지만 다른 의견도 제시되었다. 다트머스대학교의 블란치플라워 David Blanchflower 교수 등의 연구는 2008년 글로벌 금융위기 이후 실업률이 낮아지면 임금상승률이 높아지는 임금 필립스 곡선이 사라졌다고 보고했다.[124] 이는 오랫동안 위축된 노동자들의 협상력이 금융위기 이후 더욱 약화된 현실과 관련이 컸다. 저자들에 따르면 대신 비고용자의 비율인 비고용률이나 과소고용률이 임금상승에 더 중요한 요인이었다. 이렇게 보면 2022년 중반은, 실업률은 낮지만 노동시장 참가율이 하락해 비고용률이 과거에 비해 낮아 노동시장이 크게 과열되진 않은 상황이었다. 그렇다면 임금상승으로 인한 인플레 압력이 높지 않을 테고, 인플레를 잡기 위해 너무 급히 금리를 인상할 필요가 없었을지도 모른다.

실제로 이미 인플레가 정점을 지났는데 '샤워실의 바보'처럼 급속한 금리인상으로 경기침체를 심화시키는 우를 범하는 것은 아닌지 의문이 제기될 만도 했다. 금리인상이 인플레이션에 영향을 미치는 데는 1~2년의 시차가 필요하기 때문이다. 결국 중앙은행의 정책은 과학이 아니라는 말이 있듯이 인플레이션과 노동시장, 통화정책에 관한 논란은 여전히 현재진행형이다.

급속한 금리인상과 통화긴축의 악영향도 잊지 말아야 한다. 인플레이션보다 경기둔화와 실업이 취약한 저소득 노동자들에게 더 큰 타격을 줄 수 있기 때문이다. 파월은 2021년 4월 저금리를 유지한 결정 이후 인플레에 대응해야 하지 않느냐는 질문에 대해 연준 건물 주변의 홈리스들을 언급하며 코로나19 경제위기가 유색인종의 가난한 이들을 더 힘들게 했다고 이야기한 바 있다.

이와 반대로 그는 2022년 잭슨홀 연설에서는 폴 볼커의 자서전을 인용하며 긴축을 계속하겠다는 강력한 의지를 보였다. 그러나 단호한 금리인상으로 1980년대 인플레를 통제했던 볼커는 인플레 억제를 위해 임금상승을 억누르는 것이 핵심이라 생각했다. 그는 당시 항공관제사 파업의 진압이 인플레와의 싸움에서 결정적인 계기라고 말하기도 했다. 파월은 강도 높은 긴축이 혹시 그가 걱정하던 취약한 노동자들을 더 어렵게 만들진 않을지 자문해봤어야 했다.

인플레이션의 책임을
기업에게 물어라

#인플레이션의 부담을 노동자와 기업이 함께 짊어져야 한다

2023년 6월, 경제부총리가 국제 밀 가격이 낮아졌으니 라면 가격을 인하하면 좋겠다고 발언하자 며칠 후 농심이 신라면 가격을 내리기로 했다. 보이지 않는 손에 기초한 자유시장을 강조하는 모습과 반대로 정부가 '보이는 손' 아니 '말'로 시장과 기업에 영향을 미친 것이다. 이후 식품업체들의 주가는 하락했고 정부의 행태는 포퓰리즘에 기초한 노골적인 간섭이라는 불만의 목소리도 나왔다.

그럼에도 물가가 급등해 시민들의 삶이 힘들어졌고 그것이 기업의 이윤추구와 관련이 크다면 사회가 기업에 대해 압력을 넣는 것도 필요한 일이다. 실제로 농심의 영업이익은 작년에 비해 두 배 가까이 증가할 것으로 예상되는데, 이는 라면 가격인상과 관련이 크다. 올 1분기 영업이익도 작년에 비해 크게 늘었는데, 이는 주로 미국시장의 수익이 두 배 이상 증가했기 때문이지만 국내 이익도 약 50퍼센트 증가했다. 한국의 라면시장은 세 기업(농심, 삼양, 오뚜기)이 과점 지배하고 있으며 13년간 계속 가격이 높아져왔다.

최근 인플레이션에 대해 기업의 책임을 묻는 목소리는 해외에서 더욱 크다. 미국에서는 진보적인 학자들이 기업의 가격인상이 인플레의 주요한 요인이라는 주장을 제기했다. 매사추세츠주립대학교의 이사벨라 웨버Isabella Weber 교수는 최근 인플레가 거시적인 문제라기보다 시장지배력을 가진 기업들의 가격설정과 관련된 미시적 문제라고 강조한다. 그는 팬데믹과 전쟁을 배경으로 한 공급망 문제로 원자재나 반도체 등의 가격이 급등하자, 핵심 기업들이 이윤마진을 지키거나 확대하기 위해 함께 가격을 인상했고 그것이 인플레를 증폭시켰다고 분석했다.[125]

결국 최근의 인플레는 판매자 인플레이션 혹은 이윤주도 인플레이션이라는 것인데 언론은 이를 "탐욕인플레이션"이라고 부른다. 여러 연구에 따르면 90년대 이후 산업집중이 심화된 현실이 이러한 문제를 악화시켰다. 시장을 지배하는 독점기업들은 가격인상을 통해 비용상승을 소비자에게 전가하기 쉽기 때문이다. 실제로 미국에서는 팬데믹 이후 회복기인 2021년에는 인플레이션 상승과 함께 기업들의 마크업(가격/한계비용)과 이윤마진(이윤/매출액)이 높아졌고 이윤증가가 물가상승을 설명하는 비중도 크게 높아졌다.

탐욕인플레이션을 비판하는 논의는 점점 확산되고 있다. 지난 1월 브레이너드는 여러 부문의 마크업 상승을 지적하며 물가상승이 다시 물가상승을 부르는 물가-물가 악순환을 우려했다.[126] 최근 UBS의 폴 도노번Paul Donovan도 기업들이 외부충격을 핑계로 비용상승보다 더 높게 가격을 인상해 이윤마진을 높였다고 주장한다.[127] 한편 국제통화기금의 최근 연구를 보면 2022년 1분기에서 2023년 1분기까지 유럽의 인플레이션에도 수입가격 상승이 40퍼센트, 이윤증가가 45퍼센트를 차지했다.[128] 이 기관은 인플레가 하락하려면 기업들이 이윤몫 하락을 받아들여야 할 것이라고 말한다.

물론 보통 불황 직후 회복기에 이윤이 크게 늘어나는 경향이 있으며 2010년대에도 이윤마진은 높았지만 인플레이션은 낮게 유지되었다는 점을 고려하면 최근 인플레이션을 기업의 이윤증가 때문이라고 쉽게 말하기는 어렵다.[129] 미국에서는 2022년 이후에는 마크업과 이윤마진이 낮아졌고 물가상승에서 이윤증가가 차지하는 비중도 상대적으로 작아졌다. 그러나 역사적으로 기업의 생산비용이 상승하면 이윤마진이 하락했지만 팬데믹 이후에는 둘 모두가 상승해 과거와 다르다는 관측도 제시된다. 과연 팬데믹 이후 인플레이션에 기업의 가격인상과 이윤증가가 얼마나 중요했는지 앞으로 연구와 논쟁이 발전되어야 할 것이다.

인플레이션의 책임을 기업에 묻는 주장은 인플레이션에 관한 전통적 관점과는 크게 다르다. 주류경제학계와 중앙은행은 인플레이션이 과도한 재정확장과 같은 총수요 확대에 기인한 것으로 생각하며 임금-물가 악순환을 우려해 노동시장을 식히기 위해 금리를 인상해왔다. 그러나 임금상승이 최근 인플레이션을 자극하지는 않았으며 현재는 임금-물가 악순환의 근거도 희박하다. 실제로 여러 선진국에서 팬데믹 이전의 추세와 비교할 때 현재 이윤은 더 높아졌지만 임금은 하락했다.

이윤주도 인플레이션을 주장하는 이들은 특히 공급망 충격과 이윤 상승으로 인한 최근 인플레이션에 금리인상으로 대응하는 것은 효과적이지 않으며 경기침체라는 심각한 부작용을 부를 것이라고 비판한다. 대신 제2차 세계대전 시기 시행되었던 전략적 가격통제와 같은 시장에 대한 직접적인 개입이나 가격인상에 대한 소비자들의 저항이 필요하다는 것이다. 대부분 경제학자들은 여전히 이에 회의적이다. 그러나 유럽 국가들은 에너지와 식료품 가격통제를 도입했고 영국도 빵과 우유 같은 필수품 가격을 통제하는 정책을 검토하고 있다.

그러고 보면 해외의 진보파가 보기에는 정부의 말 한마디에 라면 가격이 하락하는 한국의 현실이 부러울지도 모르겠다. 한국의 경우 기업들의 이윤마진이나 마크업 변화 등 최근 인플레이션에 기업이윤 증가가 얼마나 책임이 있는지 상세한 분석이 발전되어야 할 것이다. 분명한 것은 임금상승을 억제하는 식으로 인플레이션의 부담을 노동자에게만 지우는 것이 아니라 그 책임을 기업에도 따져 묻는 일이 필요하다는 것이다.

4부

세계는
지금

팬데믹 전후의 경제 격동

일본처럼 되지 않으려면

#늙어가는 일본경제로부터 한국이 배울 점은 무엇일까

2019년, 연구년으로 봄학기를 서울에서 생활했다. 연구자들과 토론하고 강의를 하는 것도 좋았지만, 친구들과 오랜만에 만나 일본과 한국의 경제에 관해 이야기꽃을 피우는 것도 큰 기쁨이었다.

몇몇 친구들은 회사를 옮겼고, 자영업을 시작한 친구도 있었다. 한국에서는 쉰 살 즈음 회사를 퇴직하면 다른 회사에 취직하기 쉽지 않으니 음식점과 같은 자영업을 하는 이들이 많다. 사실 전 세계의 맥도날드 매장 수만큼 한국의 치킨집이 많다고 하면 일본이나 외국의 연구자들은 깜짝 놀라곤 한다. 2019년 한국의 취업자 중 임금근로자 비중은 약 75퍼센트로, 선진국 중 가장 낮은 수준이며 일본은 약 90퍼센트였다.

한국에 자영업자가 이렇게 많은 이유는 역시 노동자들이 회사에서 오래 일하기 어렵기 때문이다. 대기업 정규직이라도 오십쯤 많이 그만둔다고 하면 외국인들은 또 놀란다. 중소기업 등의 노동자들은 한 회사에서 더 짧게 일해 한국 노동자들의 평균 근속연수는 약 6년에 불과하다. 일본이나 서구의 노동자들은 정년까지 일하는 경우가 우리보다 많고 근속연수도 거의 두 배로 길다.

이는 여러 요인과 관련 있겠지만, 연공급이 강한 것도 한 배경일 것이다. 10년 넘게 근속한 한국 회사원의 연봉을 신입과 비교하면 유럽보다 훨씬 높고 일본보다도 높다.[130] 근속연수에 따라 임금이 절로 올라가니 기업들은 비정규직과 외주화를 늘렸고, 노동자를 오래 고용하기 꺼릴 것이다. 친구들은 연공제를 낮추더라도 회사에서 더 오래 일할 수 있다면 좋겠다고 입을 모은다. 연공제의 원조 일본이 바뀌었듯이 우리도 숙련과 능력을 고려하는 임금제도를 정착시켜야 할 것이다.

친구들과 만나면 빠지지 않는 것이 자식들 이야기였다. 최근에는 아이를 일본 대학교로 유학을 보내겠다는 친구들도 더러 있어 그곳의 대학교와 졸업 후 전망을 물어보곤 한다. 잘 알려져 있듯 일본의 대졸자들은 전공과 무관하게 취업을 희망하면 대부분이 취직한다. 졸업생들은 선뜻 지방의 중소기업에 취직하는데, 중소기업 연봉이 대기업 연봉의 약 78퍼센트일 정도로 기업 규모에 따른 임금격차나 노동환경의 차이가 적기 때문이다.

일본의 중소기업은 생산성과 기술력이 높을 뿐 아니라, 대기업도 하청기업과 장기적이고 신뢰에 기초한 계약을 하고 그 관계도 한국보다 협조적이다. 일본도 오래전에는 대기업과 중소기업의 이중구조 문제가 심각했다고 한다. 그러나 1950년대부터 정부가 자금지원과 조직화 그리고 기술향상 등으로 중소기업을 육성하기 위해 노력해왔다.

일본에 청년실업 문제가 없는 것은 청년층 인구가 줄어들어 애초에 일손이 부족한 현실과 관계가 크다. 하지만 아베노믹스 이후의 경기회복으로 실업률이 역사상 최저 수준으로 낮아진 것도 중요한 요인이었다. 일본은 중앙은행이 국채의 절반 이상을 매입할 정도로 경기부양을 위해 확장적 거시경제정책을 펴왔다. 매년 재정적자가 심각하고, 2018년 GDP 대비 일반정부부채비율이 230퍼센트가 넘을 정도로 심각한 재정 상황이지만 재정정책도 소극적이지 않았다.

한 친구는 "2060년이 되면 한국이 일본보다 빠른 고령화 때문에 저절로 복지지출이 세계 최고가 된다고 들었다"며 "곧 GDP 대비 40퍼센트를 넘긴다는 국가채무가 걱정된다"고 심각한 표정을 지었다. 그러나 나는 노년층의 가난과 사회의 불평등이 이리도 심각한 현실에서 수십 년 후를 이야기하며 복지지출을 늘리지 말라는 이들은 과연 무슨 생각을 하고 있는지 궁금하다고 말해주었다.

우리보다 일찍 인구감소 쇼크를 맞이한 일본은 2016년부터 '일억총활약계획'이라는 이름 아래 청년들의 어려운 삶을 개선하고 보육과 교육의 무상화 등으로 아이를 키우기 좋은 환경을 만들기 위해 노력해왔다. 그들은 성장과 분배를 선순환시키고 생산성과 출산율을 높이는 것이 궁극의 성장전략이라 말한다.[131]

그런데 일본보다 출산율이 낮은 한국에서 국가채무를 이야기하며 재정확장에 반대하는 이들을 보면 답답한 심정이 들었다. 물론 대외순자산이 세계 1위인 일본경제와 엔화의 지위는 한국과는 다를 것이다. 하지만 한국도 일본과 비슷하게 정부부채의 외국인 보유 비중이 당시 약 15퍼센트가 되지 않았고, 경상수지를 고려하면 대외적 불안정과는 거리가 멀다.

한국에서는 얼마 전부터 '늙어가는 우울한 일본경제가 한국의 미래'라는 우려의 목소리가 높은 듯하다. 친구들은 요즘도 내게 우리가 일본처럼 되지 않으려면 어떻게 해야 하는지 물어보곤 한다. 나는 오히려 현재의 일본경제가 한국에 주는 교훈이 무엇인지 깊이 생각해봐야 할 것이라고 대답해주었다.

툰베리와 그린뉴딜

#자신의 숙제를 하지 않는 어른이 아이들에게 무엇을 가르칠 수 있을까

《타임Time》은 '2019년 올해의 인물'로 기후변화에 맞서 등교거부 운동을 벌이며 어른들의 행동을 촉구한 16세의 스웨덴 소녀 그레타 툰베리Greta Thunberg를 선정했다. 당시 6학년이었던 나의 아들 녀석도 학교에서 친구들과 툰베리와 기후위기에 관해 이야기했다며, "어른들은 왜 그러죠?"라며 눈을 흘겼다. 어른으로서 미안하면서도 고마운 일이었다.

누가 뭐래도 기후변화는 현실이고 10대 소년 소녀들에게는 자신들의 미래다. 현재 지구의 평균기온은 산업화 이전보다 약 1도 높은데 최근 급속히 상승하고 있다. 2019년 9월 골드만삭스가 펴낸 보고서는 기후변화가 자연생태계를 파괴하고 인류의 건강을 위협하며 물 부족을 야기하고, 그로 인해 세계의 주요 대도시들이 폭풍과 고온, 해수면 상승으로 위험에 직면할 것으로 전망한다. 기후변화에 관한 정부간협의체는 2018년 특별보고서에서 피해를 줄이기 위해 기온상승을 1.5도로 제한하고 이를 위해 2030년까지 온실가스 배출을 최소 45퍼센트 줄여야 한다고 강조했다.

시간이 얼마 남지 않았지만, 현실은 결코 쉽지 않았다. 2019년 12월 15일 폐막된 UN 기후변화협약 당사국총회에서도 각국은 파리협정의 이행을 위한 세부계획에 관해 합의에 이르지 못해 실망을 던져주었다. 트럼프 대통령은 기후변화를 부정하고 파리협정에서도 탈퇴해 비난을 샀다.

학계에서도 반성의 목소리가 높아졌다. 스턴보고서로 유명한 경제학자 니콜라스 스턴Nicholas Stern은 우리 시대의 가장 중요한 문제인 기후변화를 막는 것은 정치와 제도의 문제지만 경제학자들은 이에 충분히 관심을 쏟고 연구하지 못했다고 역설했다. 예일대학교 윌리엄 노드하우스William Nordhaus 교수가 2018년 환경문제 연구로 노벨경제학상을 받았지만, 그의 비용과 편익 추정도 기후변화의 비용을 과소평가했다는 비판이 제기되었다.

그러고 보면 아이들이 화가 날 만도 했다. 다행히도 일부 어른들은 기후변화와 함께 불평등에 대응하기 위한 담대한 노력을 제시해왔다. '그린뉴딜'이라 불리는 이 계획은 온실가스 감축목표를 명확히 제시하고, 그 달성을 위해 정부가 대규모 공공투자를 수행해 친환경 산업에서 양질의 일자리를 만들어내며 불평등 문제도 해결하겠다는 것이었다.

미국의 2020년 대통령선거 당시, 민주당 진보 정치인 버니 샌더스는 10년간 무려 16.3조 달러의 예산을 투입해 2050년까지 탄소순배출을 제로로 만들고, 2000만 개의 일자리 창출, 노동자의 일자리 전환과 개도국 대폭 지원 등의 그린뉴딜 공약을 제시했다. 워런과 바이든도 비슷한 공약을 내놓았다. 이들의 관점은 경제성장과 환경보호가 배치된다고 생각하지 않는 것이었다. 일각에서는 기후변화 해결을 위해 탈성장을 주장하지만, 여전히 지구상의 많은 이들이 빈곤에 시달리고 있는 현실에서 성장을 통한 삶의 개선과 함께 기후위기를 해결하고 사회정의를 실현하는 수단으로 그린뉴딜이 제시되었던 것이다.

물론 문제는 '막대한 재원을 어떻게 동원할 것인가'였다. 샌더스는 화석연료 자본에 대한 세금 부과와 부자증세를 통한 재원조달 방안을 제시했다. 한편 최근의 거시경제학 연구들은 금리가 매우 낮은 현실에서는 정부가 빚을 늘리더라도 사회적으로 수익률이 높은 공공투자가 성장과 재정에 도움이 될 수 있다고 강조한다.

특히 총수요가 부족한 현실에서 그린뉴딜은 재정확장을 통해 경기를 자극하는 기회를 제공하며, 소위 고압경제의 실현은 성장 촉진과 노동자들의 임금상승으로 이어질 수 있을 것이다. 따라서 한 경제학자는 그린뉴딜에 돈이 너무 많이 드는 것 아니냐는 질문은 틀렸으며 올바른 질문은 충분히 돈을 쓰는가 하는 것이라고 지적했다. 여러 한계도 있었지만 우여곡절 끝에 미국의 바이든 정부는 2022년 재정확장을 통해 기후변화에 대응하는 인플레이션감축법을 통과시켰다. 미국은 이를 통해 탄소배출을 줄이기 위해 10년 동안 3690억 달러의 공공투자를 계획하고 있다.

이렇게 지구는 뜨거운데, 한국에서는 기후위기에 대한 관심이 별로 크지 않다. 한국의 1인당 이산화탄소배출량은 G20 국가 중 4위이며 최근 증가율은 선진국 중 최고로 높았다. 기후변화에 대한 대응 성적은 2019년 57개국 중에서 54위를 기록했고 2021년 58개국 중 50위가 되었다가, 2023년에는 60개국 중 57위를 기록했다.[132] 그나마 2021년 문재인 정부는 2030년까지 발전에서 신재생에너지의 비중을 30.2퍼센트로 높이고 온실가스도 감축하겠다는 계획을 제시했다. 그러나 윤석열 정부는 2022년 그 비중을 21.6퍼센트로 낮춰 에너지 전환에서 더욱 후퇴하고 말았다. 기후위기에 대한 대응을 생산적인 재정확장과 결합시키는, 공공투자를 포함한 구체적인 로드맵이 필요할 것이다. 이를 위해선 시민과 정치권의 인식이 전환되어야 한다.

소녀의 말에 귀를 기울일 필요가 있다.

"너무 오랫동안 정치인들과 권력자들은 기후위기에 대응하기 위해 아무것도 하지 않았지만 아무 책임도 지지 않았어요…. 우리는 우리의 숙제를 했지만 그들은 하지 않았기 때문에 등교거부를 하고 있는 거에요."

세계경제는 일본화되고 있는가

#'일본화'라는 유령을 피하는 길은

2010년대 이후 세계경제에 하나의 유령이 떠돌고 있다. 선진국들이 모두 일본처럼 될 것이라는 '일본화'에 관한 걱정이 그것이다. 일본은 1990년대 초 버블붕괴 이후 오랫동안 장기불황과 디플레, 그리고 저금리가 지속되었고 여러 노력에도 불구하고 경제성장이 정체되었다.

세계경제의 모습을 보면 이러한 주장을 이해할 만도 하다. 글로벌 금융위기 이후 선진국들은 중앙은행의 노력에 힘입어 경제붕괴는 피했지만, 이후 경제가 빠르게 회복되지 못했기 때문이다. 당시에는 총수요 둔화로 인플레도 금리도 낮지만 양적완화나 마이너스 금리와 같은 비전통적 통화정책도 한계가 크니 재정확장이 필수적이라는 목소리가 높았다. 코로나19 팬데믹에 대응해 선진국들은 정부의 적극적인 재정지출로 위기에서 벗어났지만, 그 이후에도 경제회복 속도는 느렸다.

무엇보다 다른 국가들도 일본처럼 고령화가 진전되어 노동시장에서 일할 인구가 줄어들고 소비와 수요가 축소되어 성장이 둔화될 것이라는 우려가 높아졌다. 실제로 일본의 장기정체는 인구변화와 관련이 매우 크다. 일본의 생산가능인구는 1995년 정점에 달한 후 감소해왔고 이는 당연히 경제 전체의 생산과 경제성장률에 악영향을 미쳤다. 한편 여러 연구가 보고하듯, 고령화가 진전되어 노동자들이 늙어가면 경제의 역동성이 저하되고 생산성 상승이 둔화될 수 있다. 하지만 고령화와 함께 기업이 투자를 늘리고 더 나은 기계를 사용한다면 노동생산성이 높아질 수도 있을 것이다.

　이제 일본의 데이터를 살펴보자. 흥미롭게도 노동자의 시간당 산출로 측정되는 일본의 노동생산성은 다른 선진국과 비교해도 나쁘지 않았다. 1997년에서 2018년까지 일본의 노동생산성은 약 28퍼센트 상승해 미국이나 스웨덴보다는 상승률이 낮았지만 영국이나 독일보다 약간 높았다. 인구변화를 고려하면 일본의 경제성장 성과는 국제적으로 나쁘다고 말하기 어려운 것이다.

　거대한 버블붕괴가 경제에 큰 충격을 주었던 1990년대를 제외하고 2000년 이후의 경제성장을 보면 일본경제 전체의 GDP 성장률은 미국이나 유럽 등 다른 선진국보다 낮았다. 하지만 1인당 GDP 성장률은 유럽국가보다 높고 미국과 비슷했고, 생산가능인구 1인당 GDP 성장률은 그들보다 높았다. 결국 장기불황이라 흔히 이야기되는 일본의 잃어버린 30년은 상당 부분 인구문제로 인한 것이었다. 흔히들 일본화를 우려하지만, 정작 일본경제는 상당히 선방했던 것으로 볼 수 있다.

그러면 고령화에도 불구하고 선진국 경제가 정체를 피할 수 있을까? 아세모글루 교수 등의 2017년 실증연구는 각국의 자료를 비교해 1990년에서 2015년까지 고령인구 비중의 증가가 1인당 GDP 성장률에 일반적으로 악영향을 미치지 않는다고 보고했다.[133] 이 연구는 일본처럼 고령화가 빠르게 진전된 국가들이 산업용 로봇을 더 많이 도입해서 생산성을 높였다고 강조한다. 이렇게 보면 고령화로 인해 세계경제가 이른바 구조적 장기정체에 빠질 수 있다는 우려는 근거가 희박하다고 생각할 수 있다.

이에 반해 브라운대학교의 에거슨Gauti Eggertson 교수 등은 2008년 금융위기 이전까지는 그것이 사실이지만 금리가 제로에 가깝게 낮아진 위기 이후에는 고령화가 경제성장에 악영향을 미친다는 것을 보였다. 저자들에 따르면, 제로금리 이전에는 고령화가 저축을 증가시키고 실질금리를 낮춰 투자를 촉진할 수 있었지만, 명목금리가 제로에 도달하고 인플레가 낮아진 시기에는 고령화가 더 이상 금리를 낮추지 못하고 과잉저축을 낳아 성장에 미치는 악영향이 더 커졌다는 것이다.[134]

물론 이들의 연구는 금융위기 전후 고령화가 투자에 미치는 효과가 달라졌는지 증거가 부족하고 위기 이후의 기간이 짧다는 점에서 한계도 존재한다. 그러나 불평등 심화와 정부의 긴축 등으로 총수요가 부족하여 제로금리와 장기정체가 나타나는 상황에서 고령화가 진전되면, 경제성장이 둔화하는 위험이 더욱 커진다는 중요한 시사점을 제시하고 있다.

총수요 둔화와 관련해 일본에서 특히 중요한 요인은 자본과 노동

사이의 불균형이었다. 사실 일본경제의 가장 중요한 문제는 다른 국가들에 비해 임금상승률이 훨씬 낮았다는 것이다. 2017년 일본의 시간당 명목임금은 1997년과 거의 같았는데, 같은 기간 동안 미국은 약 90퍼센트, 독일은 약 50퍼센트 상승했다. 반면 일본은 한국과 함께 선진국 중에서 1990년대 이후 기업의 이윤과 저축이 가장 높아진 나라지만 투자는 별로 증가하지 않았다. 이는 아베노믹스 이후도 마찬가지라서 일본기업의 현금보유는 2013년 이후 세 배 이상 늘어나 2019년 3분기에 약 506조 엔을 기록했지만, 기업의 투자는 여전히 지지부진했다.

결국 일본에서는 생산성 상승의 과실이 노동자에게 돌아가지 못해 노동소득분배율이 하락했고, 아베노믹스 이후에도 임금상승이 부진해 노동자의 몫은 2017년까지 더욱 줄어들었다. 이는 노조조직률이 하락하고 구조조정이 확대된 노동시장의 변화와 관련이 크다. 일본의 비정규직 비율은 1990년 약 20퍼센트에서 2018년 약 38퍼센트로 계속 높아졌고 임금불평등도 확대되었다. 이러한 변화가 소비를 억누르고 총수요를 둔화시켜 경제 회복과 성장을 가로막은 한 요인이었다. 그리고 보면 일본경제의 진정한 회복을 위해 필요한 것은 거시경제학이 아니라 정치경제학일 것이다.

급속한 고령화와 함께 성장률이 계속 하락하고 있는 한국도 일본의 전철을 밟을 것이라는 목소리가 높다. 피할 수 없는 흐름인 고령화의 악영향을 과도하게 겁내는 것은 바람직하지 않을 것이다. 하지만 일본의 경험은 일본화라는 유령을 피하기 위해 분배의 개선과 총수요 확대, 생산성 상승을 위한 노력이 필수적이라는 것을 잘 보여준다.

갈라진 미국과 바이든 경제학

#민주주의는 행동이고 우리가 싸운 만큼 강해진다

2020년 11월, 미국 대선에서 바이든이 트럼프를 이겼지만 내용은 꽤나 불편한 승리였다. 이번에도 많은 이들은 바이든의 낙승을 전망했지만 7300만 명이나 되는 유권자가 트럼프를 지지했고 경합주에서도 트럼프는 아슬아슬하게 패배했다. 민주당 지지가 크게 높아지는 블루웨이브를 기대했던 의회선거의 결과도 민주당에게 실망스러웠다. 트럼프의 지지기반이었던 저학력 백인과 노인들의 지지는 이전 선거보다 줄어들었지만, 히스패닉과 흑인의 트럼프 지지는 오히려 증가했다.

　2016년 트럼프의 미국 대통령 당선은 세계화로 인한 불평등의 심화와 그 패자들의 불만을 동력으로 한 포퓰리즘의 승리였다. 언제 어디서나 그렇듯 경제의 양극화는 정치의 양극화를 낳는다. 한 실증연구는 중국으로부터의 수입에 더 노출된 선거구에서 제조업 일자리가

줄어들고 불평등이 높아지며, 그런 지역에서 정치적 지지가 좌우로 더 극단적으로 변했다고 보고한다.[135]

미국은 지역적으로도 더욱 뚜렷하게 갈라졌다. 2020년 미국 대통령선거에서는 민주당과 공화당 한쪽으로 치우친 선거구가 과거에 비해 훨씬 더 많아졌다. 바이든을 지지한 지역은 주로 대도시 중심지였는데, 이들 지역은 GDP의 약 70퍼센트를 차지해 2016년 선거 때의 64퍼센트보다 더 높아졌다. 학력과 소득이 높고 자동화 위험이 적은 지역이 이전 선거 때보다 더 많이 바이든을 지지했다.

그러고 보면 당시에도 트럼프의 선전은 불평등의 시대에 엘리트들이 외면한 소외된 이들 때문이었다. 그가 퇴장한다 해도 트럼프주의는 사라지기 어려울 것이다. 팬데믹이 가져다준 깊은 불황으로 이미 일자리와 소득의 격차는 확대되었다. 앞으로 트럼프식의 국수주의적 포퓰리즘과 금권정치의 결합이 공화당의 이데올로기가 될 가능성도 크다. 반면 고학력자와 고소득자의 당이 된 민주당의 주류는 불평등에 정면으로 맞서지 않았다. 2020년 의회선거에서도 약진한 쪽은 급진적인 정책을 주장하는, 오카시오-코르테스(AOC)로 대표되는 민주당의 좌파진영이었다.

바이든의 경제학은 이러한 분열을 극복할 수 있을까? 그의 주된 경제정책은 재정지출 확대와 부자증세였다. 바이든 캠프는 청정에너지 등에 대한 약 2조 달러의 인프라 투자, 교육과 양육에 약 2조 달러, 의료보험과, 미국산 제품 구매와 연구개발, 사회복지와 주택 등을 포함한 총 7.3조 달러의 재정지출을 공약으로 내걸었다. GDP의 약 35퍼센트나 되는 엄청난 규모였다.

한편 바이든은 소득 40만 달러 이상 구간에 대한 최고세율을 37퍼센트에서 39.6퍼센트로 인상하는 등 세금을 올리고 트럼프가 21퍼센트로 크게 낮춘 법인세를 28퍼센트로 높여 재정지출 계획의 절반 이상을 충당할 계획도 제시했다. 또한 최저임금 15달러로 인상과 노조할 권리 등 노동자들의 권익을 강화하는 조치들도 공약했다. 이는 시대의 흐름을 반영해 좌클릭한 계획으로 평가되지만 전 국민 단일의료보험 같은 진보적인 정책은 포함되지 않았다.

전반적으로 바이든의 경제정책은 불황과 불평등으로 신음하는 자본주의의 건강한 작동을 위해 정부의 역할을 강화하는 올바른 방향이었다고 할 수 있다. 그러나 재정지출은 10년에 걸친 계획이며 의회에서 삭감될 가능성이 컸다. 특히 민주당이 상원에서 다수파가 되지 못하고 대규모 재정확장이 불가능하다면 오바마 정부 때와 비슷하게 경제회복이 더딜 것이라는 전망도 제기되었다. 실제로 바이든의 대담한 공공투자 계획은 성과도 있었지만 민주당 내부에서도 정치적 반대에 직면해, 현실에서는 원래 계획보다는 상당히 줄어든 규모로 도입되었다.

바이든의 정책으로 트럼프 대통령 때 더욱 악화된 불평등의 추세를 되돌릴 수 있을지도 의문의 목소리가 제기되었다. 현실에서 바이든 정부는 약속했던 증세를 추진하는 데 한계가 매우 컸다. 미국의 세전소득 지니계수는 2015년 0.479에서 2019년 0.484로 높아져 소득불평등이 2차 대전 이후 최고를 기록했다. 코로나19 충격이 있던 2020년에는 0.488이었는데 2021년에는 경제회복과 함께 0.494로 더욱 높아졌다. 일각에서는 지난 대선의 숨은 승자는 시장을 지배하며 막대한 이윤을 거두는 거대기술기업이라는 평가도 나왔다. 의회와 행정부가 분열되면 이들에 대해 반독점 규제를 강화하기는 쉽지 않을 것이며, 부통령 당선자 해리스Kamala Harris는 실리콘밸리와 가까운 사이라는 것이었다.

코로나19의 극복, 경제회복과 불평등 개선, 기후변화 대응이라는 여러 무거운 과제들을 짊어졌던 바이든의 정책 슬로건은 '더 나은 재건'이었다. 바이드노믹스Bidenomics가 갈라진 사회를 통합하고 미국을 더 나은 곳으로 재건하는 데 얼마나 기여했는지는 미국인들 사이에서도 평가가 갈릴 것이다. 하지만 진보적인 경제정책이 실현되기 위해 필요한 것은 역시 시민들의 정치적 지지와 압력이다.

해리스 부통령은 당선이 결정된 후 연설에서 "민주주의는 행동이고 우리가 싸운 만큼 강해진다"고 강조했다. 불평등이 낳은 트럼프주의를 극복하고 더 나은 재건을 만들어내는 동력도 결국은 민주주의에서 찾아야 할 것이다.

일본은 한국보다 가난해졌는가

#두 나라 모두에 필요한 것은 성장의 결실이
모두에게 돌아가 삶의 만족도를 높이는 일이다

'왜 일본은 한국보다 가난해졌는가'

2021년 일본 언론에 실린 한 기사의 제목이다.[136] 가깝고도 먼 나라 일본은 한국에게 언제나 따라잡기 대상이었고, 한국은 일본에게 한 수 아래 상대였을 것이다. 이제 더는 그렇지 않다.

국제통화기금의 2023년 4월 세계경제전망 데이터베이스에 따르면 시장환율에 기초한 1인당 명목국민소득은 2020년 일본이 4만 118달러, 한국은 3만 1728달러로 일본이 더 높았다. 일본의 물가상승률이 낮으니 실질국민소득은 차이가 더 크다. 그래도 1990년에는 일본의 국민소득이 한국의 약 3.9배였으니, 일본이 장기불황을 겪는 동안 한국이 엄청나게 빠르게 추격해온 셈이다. 환율변동과 함께 그 차이는 더욱 줄어들어 2022년에는 일본이 약 3만 4000달러 그리고 한국이 약 3만 2000달러가 될 전망이다.

하지만 이 수치는 환율변화에 민감하고 서비스가격이 개도국에서 낮기 때문에 국제비교에서는 통화의 실질구매력을 나타내는 구매력평가 환율을 흔히 사용한다. 완벽한 지표는 아니지만 이 환율을 사용해서 비교해보면 한국이 일본보다 이미 국민소득이 더 높다.

구매력평가 환율을 사용해 2017년 달러로 계산한 1인당 실질국민소득은 2018년 한국이 2018년 4만 2011달러, 일본이 4만 1758달러로 일본을 역전했다. 1990년에는 이 기준으로 일본의 국민소득이 한국의 약 2.6배였지만 이제 뒤집어졌고, 2026년에는 격차가 더 커져 한국이 약 5만 달러, 일본이 약 4만 4000달러가 될 전망이다. 현실에서도 한국의 물가나 임금, 생활수준이 일본보다 높은 느낌이다. 실제로 일본에 여행을 간 한국인들은 일본 물가가 얼마나 싼지 피부로 느끼지 않는가?

최근에는 일본 내에서도 일본이 한국보다 가난해졌다는 보도가 더러 눈에 띈다. 얼마 전에는 구매력평가 환율 기준으로 일본의 평균 임금이 한국보다 낮고 장래에는 다른 아시아 국가들에 취업하러 나가는 이들이 늘어날 것이라는 기사가 큰 반향을 불러일으켰다. 이러한 변화는 일본에서 1990년대의 불황시기 뿐 아니라 2000년대 이후에도 계속 생산성상승에 비해 임금상승이 뒤쳐졌다는 현실을 반영한다.

또 다른 기사도 일본의 국민소득이 미국과 격차가 점점 커지고 있고 한국과 대만에도 따라잡혀 캐치다운하고 있다고 지적했다. 일본인들은 심기가 상당히 불편할지도 모르겠다. 기사는 이를 극복하기 위해 필요한 것은 독창성이 아니라 다른 나라로부터 뛰어난 사례를 배우고 낡은 제도와 관행을 바꾸는 것이라 강조했다.

코로나19 방역을 보아도 한국이 더 선진적이었다. 한국과 일본 모두 서구보다는 사정이 나아서 세계적으로는 성공적인 경우였다. 2021년 블룸버그의 코로나 회복 순위에 따르면 한국은 세계 6위, 일본은 세계 7위였다. 그러나 일본은 발병 초기 대량 검사에 실패했고 정부지원금 지급도 소득파악 문제로 인해 늦게 이루어졌다. 2021년 5월 일본의 하루 확진자 수는 인구 대비 한국보다 네 배나 많았고, 백신 접종도 한국이 훨씬 빨랐다. 물론 한국에서는 뒤늦게 코로나 환자가 급격히 늘어나긴 했다.

하지만 국민소득 숫자가 보여주지 않는 한국과 일본의 여러 차이도 존재한다. 예를 들어 노인빈곤과 청년실업 문제는 한국이 더 심각하지만, 고령화와 재정 문제는 일본이 더욱 심각하다. 삶의 불안정은 한국이 더 클지도 모르지만, 사회의 활력은 일본보다 더욱 높아 보인다. 무엇보다 한일양국은 서로의 사회를 들여다보며 교훈을 얻을 수 있는 이웃임을 잊지 말아야 할 것이다. 한국은 일본으로부터 저성장과 인구변화의 준비뿐 아니라 대기업과 중소기업의 작은 격차나 동일노동 동일임금을 법제화한 최근 노동시장 개혁 등에 관해 배울 점이 많다. 일본은 정보통신 등 신산업의 역동성과 노동자의 임금을 높이기 위한 노력에 관해 한국으로부터 배워야 한다.

사실 소득보다 더욱 중요한 것은 삶의 질과 행복일 것이다. OECD의 더 나은 삶 지표는 주택, 일자리, 공동체, 건강, 환경 등을 포함한 11개의 지표를 제시한다.[137] 한국은 특히 도움이 필요할 때 의존할 수 있는 누군가를 알고 있다는 공동체 지표가 선진국 중 가장 낮았고, 대기오염 등 환경 지표도 마찬가지였다. 반면 일본은 시민으로서 정치에 참여하는 정도가 매우 낮았는데 한국은 매우 높았다. 삶에 대한 만족과 일과 삶의 조화는 두 나라 모두 다른 국가들보다 크게 낮은 편이었다.

한편 '2017~2020 세계가치관조사'에 따르면, 한국과 일본의 삶의 만족도 평균치는 비슷한데 삶에 매우 만족하는 이들의 비중은 일본이 높았다. 또한 '2022 세계행복보고서'는 2019~2021년 행복 순위가 일본이 54위, 한국은 59위로 양국 모두 소득수준에 비해 상대적으로 행복 순위가 낮다고 보고했다.[138] 두 나라 모두에 필요한 것은 단지 소득을 비교하는 것을 넘어 성장의 결실이 모두에게 돌아가 사람들이 얼마나 행복하게 살아갈 수 있는지에 신경을 기울이는 일일 것이다.

광란의 20년대

#2020년대는 과연 미래에 어떤 시기로 불릴 것인가

'광란의 20년대'라는 말이 있다. 1920년대 미국경제는 스페인 독감과 1차대전 종전 직후의 심각한 불황으로부터 급속히 회복해 1921년에서 1929년까지 국민소득이 연평균 약 3.7퍼센트나 성장했다. 당시는 전기가 보급되고 세탁기와 자동차, 라디오가 대중화된 풍요의 시대였다. 제조업의 비중이 높아졌고 노동생산성이 빠르게 상승했으며 주가는 1921년 저점에서 1929년 정점까지 다섯 배나 높아졌다. 미국식 자본주의와 소비문화가 만개한 위대한 개츠비의 시대였다.

그로부터 100년 후 코로나 팬데믹 이후 미국에서는 이와 비슷한 20년대가 도래할지도 모른다는 기대가 등장했다. 먼저 우려와 달리 코로나19 경제위기에 대한 정부의 적극적 대응을 배경으로 미국을 필두로 세계경제가 꽤 빠르게 회복되었다. 2021년 4월 국제통화기금이 발표한 세계경제전망은 2021년 세계경제 성장률을 6퍼센트로 예측해 2020년 10월의 전망에 비해 0.8퍼센트포인트 높였고, 미국의 성장률은 3.3퍼센트포인트나 높였다. 이와 함께 2020년대에는 생산성상승도 가속화될 것이라는 전망이 제기되었다.

역사를 돌이켜보면 정보기술의 발전에도 불구하고 생산성상승은 1970년대 이후 장기적으로 둔화되었다. 이런 실망스런 결과는 흔히 최근 기술혁신의 생산성 효과가 제2차 산업혁명을 가져다준 19세기 말의 커다란 기술혁신에 비해 제한적이었기 때문이라 설명된다.

그러나 스탠포드대학교의 브리뇰프슨Erik Brynjolfsson 교수는 인공지능과 같은 범용기술이 도입될 때는 상당 기간 그것을 보완하는 무형자본에 대한 투자가 이루어져야 하기 때문에 총요소생산성의 상승이 과소평가된다고 주장한다. 즉 생산성 곡선이 J 커브의 모습을 띤다는 것인데, 그렇다면 코로나를 배경으로 한 디지털 투자와 조직 정비는 앞으로 생산성을 상승시킬 수도 있을 것이다.[139]

또한 최근 기술낙관주의자들은 정보기술뿐 아니라 새로운 백신기술과 바이오기술, 태양광에너지와 우주산업 등 새로운 혁신들이 속속 등장하고 있다고 강조하고 있다. 게다가 최근《이코노미스트》도 보도하듯 글로벌 금융위기 때와 달리 팬데믹 이후 기업들의 투자가 크게 증가했다. 이는 장기정체가 마침내 끝나고 2020년대에는 광란의 1920년대가 재현될 것이라는 희망으로 이어졌다.

그러나 과연 그럴까? 생산성상승을 위해서는 역시 생산적 투자와 신기술 투자가 지속적으로 증가하는 것이 핵심이다. 하지만 100년 전에 비해 현재는 기업의 이윤율이 많이 낮아졌다. 수익성이 낮은 기업들이 파산했고 자본이 파괴된 당시와는 달리 지금은 부채가 많고 좀비기업들이 늘어났다는 것도 우려할 만하다. 또한 최근 독점의 심화와 역동성의 둔화는 자원배분과 관련된 생산성상승을 억제하는 요인이다.

나아가 스탠포드대학교의 생산성 연구에 관한 대가인 블룸Nicholas Bloom 교수 등은 같은 인력과 자금을 투입해도 연구개발의 생산성 자체가 여러 산업과 경제 전체에서 역사적으로 하락해왔다고 보고한다. 이는 새로운 아이디어를 찾아내기가 점점 더 어려워져서 연구개발의 혁신과 생산성상승 효과가 과거보다 낮아졌다는 것을 의미한다.[140] 불평등의 심화와 불황으로 인한 총수요의 정체가 혁신과 생산성상승에도 악영향을 미쳤다는 것도 잊지 말아야 한다. 실제로 코로나19 직후인 2020년 말과 2021년 초 미국의 노동생산성 상승률이 반짝 높아졌지만 이후에는 다시 둔화되었다.

더욱 중요한 질문은 경제성장의 성과가 모두에게 골고루 나누어질 수 있는가다. 광란의 1920년대는 노동자들에게는 결코 번영의 시대가 아니었다. 자유방임주의 정책을 배경으로 노조조직률은 급락했고, 노동생산성의 상승에 비해 임금상승은 낮았으며 상위 1퍼센트의 소득집중과 소득불평등도 심화되었다.

이는 오히려 1980년대 이후 지금까지 나타난 현실과 유사한 것이었다. 이제 많은 선진국 시민들은 진정한 변화가 필요하다고 생각한다. 2021년 퓨리서치의 조사에 따르면, 미국에서 경제구조가 크게 변화하거나 완전히 개혁되어야 한다고 대답한 이들이 50퍼센트였으며 변할 필요가 없다는 응답은 12퍼센트에 불과했다. 독일과 영국도 마찬가지였다. 또한 대부분의 미국인이 빈곤층에 대한 정부지원 확대와 부자증세를 지지했다. 40년 만에 약자와 노동을 편들고 부자증세를 추진하는 큰 정부가 등장한 것은 이러한 여론을 반영한 것이다.

광란의 20년대가 다시 올 것인지는 두고 볼 일이지만, 2020년대의 시대정신은 역시 모두가 번영하는 경제를 만들어내는 것이다. 그런 점에서 불평등을 개선하고 공공투자를 확대하는 바이든 정부의 정책은 바람직한 방향이었다. 하지만 시장으로 간 추를 국가 쪽으로 약간 이동하는 것을 넘어 힘의 관계와 경제구조를 바꾸기 위한 더 많은 정치적 노력이 요구되고 있다. 돌이켜보면 100년 전 1920년대는 장기호황의 이면에 경제의 불균형이 심화되었고, 그 끝은 결국 파국이었다. 역사를 잊지 않고 현재를 바꾸는 노력이 앞으로 어떤 20년대가 올 것인지를 결정할 것이다.

우크라이나 전쟁과 세계화의 위기

#국제정치의 갈등으로 자유무역과
세계화의 시대가 심각한 위기에 직면했다

"새벽에 포격소리에 잠에서 깨었고, 아직 피난을 가지는 않았어요."

2022년 3월 러시아가 우크라이나를 침공한 직후 키이우(우크라이나의 수도)에 있는 휴학 중인 제자가 보낸 이메일이다.

　푸틴은 2월 우크라이나를 침공했지만, 애초의 예상과 달리 수도는 함락되지 않았고 러시아군은 고전을 겪으며 전쟁이 길어지고 있다. 미국과 유럽은 신속하게 러시아에 대해 금융과 무역 관련 제재를 실시했고 글로벌 기업들은 러시아로부터 빠르게 철수했다. 전쟁은 코로나19로부터 회복 중인 세계경제에 물가를 높이고 경기를 후퇴시키는 스태그플레이션 압력을 가했다. 국제통화기금이 전망했듯이 이 전쟁은 곡물과 에너지 가격의 급등, 그리고 국제무역의 단절과 공급망 마비 등을 통해 세계경제에 충격을 주었다. 또한 불확실성을 심화시켜 부분적으로 투자 위축과 금융 상황의 악화를 가져왔다.

　러시아는 세계 에너지 시장, 특히 유럽의 에너지 수입에서 중요한 지위를 지니고 있어서 전쟁 이후 유가와 천연가스 가격이 크게 상승했다. 또한 니켈, 코발트, 팔라듐 등 배터리와 반도체 제조에 필수적인 금속의 생산에도 러시아의 비중이 커서 이들의 가격이 급등했고 공급 차질이 우려되었다. 한편 우크라이나와 러시아는 전 세계 밀 수출의 약 30퍼센트를 차지하고 있어 밀 가격이 급등했고, 특히 가난한 국가들이 큰 어려움을 겪었다. 당시 OECD는 이 전쟁으로 인해 2022년 전 세계 경제성장률이 약 1퍼센트포인트 하락하고 인플레이션이 약 2.5퍼센트포인트나 더 높아질 것이라 전망하기도 했다.

　더 나아가 우크라이나 전쟁은 결국 세계화 시대의 종말을 가져올 수도 있다는 관측이 제기되었다. 냉전시대가 끝난 1990년대 이후 국제무역과 투자의 확대에 기초하여 발전된 세계화와 함께 신흥개도국들은 성장이 촉진되었고 빈곤인구는 크게 줄었으며 선진국 소비자들은 값싼 수입품을 사용할 수 있었다. 물론 급속한 금융세계화는 금융불안정과 위기를 낳았고, 미국과 같은 선진국에서는 제조업 일자리가 감소하고 불평등이 심화되어 시민들의 불만과 포퓰리즘 정치가 나타나기도 했다. 그러나 적어도 세계경제의 성장이라는 면에서 보면 아무래도 국제무역과 세계화로 인한 세계경제의 통합은 긍정적인 요인으로 작용했다.

　급속한 세계화의 흐름은 글로벌 금융위기 이후 정체되기 시작했고 2016년 트럼프의 당선 이후 미중 갈등과 보호무역으로 인해 더욱 둔화되었다. 그리고 2020년 코로나19로 인한 세계적 공급망의 마비 앞에서 각국은 비용감축보다 안정적인 자국 내의 공급망 확보를 위해 탈세계화를 가속화하고 있다. 특히 팬데믹 직후 발발한 우크라이나 전쟁은 각국의 안보 우선과 신냉전의 개시로 이어질 수 있어, 세계화의 행진에 커다란 타격을 주었다. 이제 패권을 둘러싼 국제정치적 갈등이 세계경제를 불안하게 만들고 세계화를 후퇴시키고 있는 것이다.

전선은 역시 미국과 유럽 대 중국과 러시아로 대표되는, 자유민주주의 국가 대 권위주의 국가 사이의 대립이다. 돌이켜보면 1990년대 이후 중국의 제조업 생산과 수출, 그리고 러시아의 에너지와 원자재 수출은 세계화의 중요한 기둥이었다. 그 과정에서 이들 국가는 세계경제에 깊이 통합되었다. 서구는 세계화와 경제적 상호의존의 확대가 자유주의적 세계경제질서를 확립하고 각국의 정치적 자유를 확대하며 중국이나 러시아의 변화까지 가져올 것이라고 기대했다.

그러나 현실은 그렇지 않아서 최근에는 세계적으로 권위주의 국가들이 더 늘어났고 경제적으로도 세계화 대신 지역 내의 통합이 가속화되었다. 미국과 중국은 서로 대립하며 전략산업의 국내생산을 촉진하고 있으며, 중국과 러시아는 자국 통화로 원유 거래의 결제를 추진하고 있다. 이제 세계화가 평화를 가져다줄 것이라는 기대는 무너져버렸고, 각국은 경제적 상호의존이 오히려 위협이 될 수 있다고 우려하고 있는 현실이다.

이러한 세계경제의 균열과 국제정치의 갈등 심화, 나아가 신냉전의 흐름은 전 세계에 커다란 비용을 가져다줄 것으로 우려된다. 장기적으로 세계경제의 번영을 가로막을 것이며 최악의 경우 군사적 대결로 이어질지도 모른다. 따라서《파이낸셜타임스》의 수석경제논설

위원 마틴 울프Martin Wolf는 재앙처럼 보이는 새로운 세계가 태어나고 있다고 말한다.

결국 아직도 지속되고 있는 우크라이나 전쟁이 보여주는 것은 국제정치의 갈등으로 자유무역과 세계화의 시대가 심각한 위기에 직면했다는 사실이다. 그러나 세계경제의 번영을 위해 필요한 것은 역시 세계화로부터의 단절이 아니라 체제의 다양성을 인정하며 평화를 추구하고 개방과 안보를 조화롭게 관리하는 새로운 세계화를 위한 노력일 것이다.

우크라이나의 내 학생은 얼마 후 고향으로 피난을 왔다고 연락해왔다. 하루빨리 그를 다시 만나서 가르칠 수 있기를 기원해본다.

엔화의 추락

#역대급 엔저 위기, 일본의 경제회복 방법은 무엇인가

세계의 주요 통화 중에서 우크라이나 전쟁 직후 두 달 동안 가장 많이 가치가 하락한 통화는 무엇이었을까? 답은 바로 일본의 엔화다. 엔화 가치는 2022년 2월 24일 달러당 115엔에서 두 달 후 129엔이 되어 약 12퍼센트나 하락했다. 정작 러시아 루블화는 전쟁 직후 약 40퍼센트 폭락했지만 두 달 후에는 전쟁 이전 수준으로 회복했다. 2022년 4월 달러 대비 엔화 가치는 20년 만에 최저가 되었고, 다른 통화들 대비 엔화의 구매력을 나타내는 실질실효환율도 50년 만에 최저 수준으로 하락했다. 엔화의 가치는 이후 더욱 하락해 10월에는 달러 당 150원을 찍기도 했다.

과거 엔화는 세계의 안전자산으로 위기 때마다 가치가 높아졌다. 일본경제는 오랫동안 경상수지 흑자를 기록했고, 일본인들은 그것을 해외에 투자해 2020년 말 대외순자산이 약 357조 엔으로 30년째 세계 1위를 기록했다. 세계경제에 충격이 발생하면 낮은 금리로 엔화를 빌려 해외에 투자했던 '엔캐리 트레이드(Yen-Carry Trade)'가 일본으로 복귀하여 엔고가 발생했다. 그러나 2022년 이후의 모습은 과거와 정반대다.

2022년 엔화가 추락했던 것은 무엇보다 미국과 일본의 금리 차가 커질 전망 때문이었다. 연준은 급등하는 인플레에 대응하여 금리를 급속히 인상했지만, 일본은행은 그렇지 않았다. 미국의 10년 국채금리는 2022년 4월 2.9퍼센트로 높아졌는데, 일본은행은 여전히 10년 만기 국채금리가 상승하자 국채의 무제한 매입을 통해 금리 상한 0.25퍼센트를 유지하는 정책을 폈다. 당시 일본은행 총재 쿠로다는 일본은 완화적인 통화정책을 지속할 것이라 계속 말해왔으니, 투자자 입장에서는 엔화의 매력이 떨어졌던 것이다.

이는 장기불황과 디플레에 대응하기 위해 도입된 아베노믹스의 후과라고도 말할 수 있다. 일본은행은 2013년 양적완화를 실시했고, 2016년 이후에는 기준금리와 장기국채금리를 각각 −0.1퍼센트, 0퍼센트 정도로 통제했다. 아베노믹스 초기에는 엔저로 수출대기업의 이익이 커졌고, 저금리 덕분에 국채의 금리부담도 낮아져 재정이 안정화될 수 있었다. 그러나 팬데믹 이후 미국과 유럽에 비해 일본은 여전히 경기회복과 물가상승률이 낮았다.

예를 들어 2022년 3월 소비자물가지수가 전년 대비 1.2퍼센트 높아졌지만 식품과 에너지를 제외한 지수는 오히려 0.7퍼센트 낮아졌다. 이렇게 낮은 인플레와 늘어나는 막대한 정부부채를 고려해 일본은행은 확장적 통화정책을 계속할 계획이지만, 엔화 가치가 타격을 받고 있으니 일종의 딜레마에 직면하고 있는 셈이 되었다. 실제로 엔화 가치 하락으로 에너지 등 수입물가가 급등하여 2022년 말에는 소비자물가상승률이 전년 대비 4퍼센트까지 높아졌다.

한편 우크라이나 전쟁 이후 에너지와 곡물가격 상승으로 경상수지도 적자가 될 가능성이 엔화의 하락을 부추겼다. 일본의 무역수지는 2022년 3월까지 8개월 연속 적자를 기록했고, 1월에는 무역수지 적자가 커서 경상수지도 1조 6000억 엔 적자를 기록했다. 일본은 해외투자로부터 벌어들인 수입에 기초해 경상수지는 흑자를 기록해왔지만 2022년은 흑자폭이 크게 줄었다. 상품과 서비스 무역수지가 약 15조 8000억 엔의 적자를 기록했지만, 소득수지 흑자로 경상수지는 약 11조 4000억 엔을 기록했다. 이는 2014년 이후 가장 낮은 수준이었다. 경상수지 흑자의 감소 혹은 적자는 엔화에 하락압력을 주고 다시 무역수지 적자와 엔의 투매를 낳는 악순환을 가져올 수도 있다.

물론 엔저가 수출을 촉진한다면 일본경제에 도움이 될 수 있을 것이다. 예를 들어 엔화 가치가 10퍼센트 하락하면 수출증가로 연간 경제성장률이 약 0.8퍼센트 높아질 것이라 전망도 제시된다. 하지만 최근 일본기업들은 해외생산이 늘어나 엔저의 수출효과는 크게 줄어들었다. 경제산업성에 따르면 일본 제조업의 해외생산 비중은 10년 전에는 약 17퍼센트였으나 이제 25퍼센트까지 높아졌고, 자동차기업의 경우 이미 약 3분의 2를 해외에서 생산하고 있다. 기업 대상 설문조사를 보아도 엔저가 도움이 아니라 부담이 될 것이라 대답한 기업들이 훨씬 많았다.

반면 엔화의 하락은 시민들의 생활에 직접 타격을 주었다. 이미 지난 10년 동안 식료품 등 수입물가가 크게 올랐는데, 2020년 3월에는 엔화의 급락으로 에너지와 곡물가격이 급등하여 수입물가지수가 전년 대비 33퍼센트나 높아졌다. 휘발유 가격이 급등하자 정부는 보조금 확대로 대응했고, 식료품 가격도 줄줄이 인상되고 있다. 문제는 임금인상이 오랫동안 부진한 현실에서 생필품 가격이 상승하면 개인 소비가 더욱 위축되어 경제에 악영향을 줄 가능성이 크다는 것이다.

엔화 가치는 2022년 봄 이후에도 계속 상승하여 10월에는 달러당 150엔을 찍기도 했다. 이후 약간 회복되어 2023년 1월 128엔까지 높아졌지만, 다시 엔저가 지속되어 2023년 8월 145엔대를 기록하고 있다. 일본은행은 국채매수 부담을 줄이기 위해 10년 국채금리 상단을 2022년 12월 0.5퍼센트로 높이고 2023년 7월 1퍼센트까지 허용하기로 했다. 그러나 경기회복이 빠르지 않고 아직 임금상승과 인플레가 정착되지 않은 현실에서 여전히 기준금리는 마이너스금리를 유지해 미국과 금리차가 큰 상태라 엔저가 지속되고 있다.

기시다 총리는 정치인이 되기 전 1980년대에 일본의 장기신용은행에서 외환업무를 담당했다. 과거에 비해 이제 세상은 크게 바뀌었고, 최근 엔화의 추락은 그와 일본경제에 매우 어려운 과제를 던지고 있다. 현재 일본에 필요한 것은 역시 확장적 통화정책을 넘어 기업의 생산성 상승을 통한 경쟁력 강화, 그리고 임금인상과 내수 활성화에 기초한 경제회복일 것이다.

세계화는 정말 끝났는가

#과연 30년 동안의 세계화는 종말을 고했을까

"러시아의 우크라이나 침공으로 지난 30년 동안의 세계화는 끝났습니다."

2022년 3월 세계 최대 자산운용사 블랙록BlackRock의 최고경영자 래리 핑크Larry Fink가 주주들에게 보낸 메일에서 한 말이다. 그는 전쟁으로 인해 기업과 국가들이 상호의존 대신 자국 내 공급망을 확립하고, 이러한 글로벌 공급망 재편이 인플레이션을 높일 것이라 전망했다. 전쟁 이후 에너지와 곡물 가격이 치솟고 상하이 봉쇄로 공급망이 타격을 받자 우리가 알던 세계화 시대가 종언을 고하고 있다는 관측이 힘을 얻었다. 전 세계를 무역과 투자로 통합하는 자유주의 경제질서가 끝나고 바야흐로 신냉전과 다극화로 대표되는 갈등의 시대가 등장하고 있다는 것이다.

실제로 세계경제 통합, 낮은 인플레이션, 낮은 금리의 세계화 시대를 떠받치던 기둥들이 흔들리고 있다. 먼저 세계의 패권과 첨단기술을 둘러싼 미국과 중국 간 대결이 심화되었다. 트럼프 정부는 중국의 수출에 대해 관세 폭탄을 투하하여 무역전쟁을 개시했고, 중국에 대한 미국 기업의 해외직접투자도 축소되었다. 세계 GDP 대비 국제무역의 비중은 이미 글로벌 금융위기 이후부터 둔화되기 시작했다. 경제 블록화와 위안화 결제 확대로 국제 금융시장을 지배하던 달러체제도 약화될 가능성이 존재한다. 따라서 많은 이들은 자유민주주의 국가와 권위주의 국가들 사이의 갈등 심화와 세계경제의 분열을 우려하고 있다.

그러나 반대의 목소리도 작지 않다. 경제사학자 애덤 투즈Adam Tooze는 러시아가 세계경제와 공급망에서 차지하는 비중이 제한적이며, 세계경제의 단층은 미국 대 중국인데 블랙록은 여전히 중국에 자금을 투자하고 있다고 꼬집었다. 실제로 금융시장은 세계화의 위기와 인플레에 대해 크게 우려하지는 않는 모습이다. 국제무역을 보아도 상품무역이 2021년 이후 빠르게 회복되었고, 경제에서 서비스가 더 중요해졌는데 서비스무역과 특히 디지털 기술 관련 무역 및 데이터 흐름은 최근 크게 증가했다. 전 세계적 금융투자와 이민 등의 지표도 세계화가 팬데믹 이후에도 계속 진전되고 있음을 보여준다.

한편 반도체와 같은 첨단기술 부문에서는 매우 정교한 국제분업이 확립되어 있다. 예를 들어 네덜란드 기업인 ASML이 담당하는 첨단기술에 기초한 고부가가치 부문을 다른 나라 기업들이 발전시키기란 매우 어려운 일이다. 골드만삭스에 따르면, 현재 미국에서 해외

생산시설을 자국으로 이전하는 리쇼어링 흐름은 보이지 않고, 국내 제조업 산출에 비해 해외의 제조업 중간재와 최종재 수입 비중은 꾸준히 증가해왔다.[141]

결국 최근 세계화의 종말에 관한 이야기가 분분하지만, 현실은 그보다 훨씬 복잡하다는 것이다. 여전히 개방과 세계화가 주는 경제적 이득이 기업과 국가를 움직이는 중요한 동인이기 때문이다. 물론 러시아에 대한 중국의 지원 여부가 갈등 심화의 관건이지만, 중국은 러시아에 어느 정도 거리를 둘 가능성이 작지 않다. 실제로 최근 중국과 유럽연합(이하 EU)의 무역은 증가했고, 중국은 EU와 투자협정이나 미국과의 무역관계 개선 논의를 발전시켜왔다.

돌이켜보면 냉전 종식 이후 급속히 발전된 세계화를 배경으로 선진국 소비자들은 값싼 소비재를 사용할 수 있었고, 개도국의 빈곤은 크게 줄어들었다. 그러나 세계화는 국내적으로 불평등을 심화시키고 포퓰리즘 정치와 무역 갈등을 낳아 역풍을 맞기도 했다. 이제 팬데믹과 전쟁으로 인한 글로벌 공급망의 마비, 국제정치적 갈등과 신냉전의 가능성 앞에서 세계화는 안팎으로 어려움에 처해 있다.

물론 미중 대결과 신냉전이 매우 심각해지지 않는 한, 세계경제가 완전히 탈세계화의 길을 걷지는 않을 것이다. 그러나 앞으로 세계화는 지난 30년과는 달리 공급망 다변화와 경제의 지역화 진전으로 과거와는 다른 모습으로 크게 재편될 가능성이 높다. 궁극적으로 세계화의 미래는 불평등을 관리하고 개방과 안보를 조화시키는 새로운 세계화를 위한 노력에 달려 있을 것이다.

진보의 공급측 경제학이 필요하다

#현대적인 공급측 경제학에 기초하여 공공투자를 촉진해야 한다

공급측 경제학은 오랫동안 보수의 전유물이었다. 1980년대 미국의 레이건 정부는 감세와 규제완화를 하면 기업의 투자와 노동공급이 늘어나 성장이 촉진되고 심지어 세수도 증가할 것이라고 주장했다. 이러한 아이디어는 주술경제학이라는 신랄한 비판을 받았고 현실에서도 별로 성공적이지 못했다. 한국의 윤석열 정부가 제시한 낙수효과 경제학이 바로 그것이다. 대통령의 생각은 아직도 40년 전에 머물러 있는 것일까?

그러나 정부가 총수요 관리만이 아니라 공급측에도 주목해야 한다는 생각 자체는 틀린 것이 아니다. 최근 미국에서는 진보의 공급측 경제학이 필요하다는 목소리가 커지고 있다. 바이든 정부는 팬데믹을 극복하기 위한 적극적인 재정확장과 함께 경쟁 촉진과 노동자들의 협상력 강화를 위한 정책을 추진해왔다. 이러한 노력을 배경으로 미국경제는 빠르게 회복되었고 실업률은 하락했으며 하층노동자 중심의 임금인상으로 불평등도 개선되었다.

하지만 최근 인플레이션의 급등이 바이드노믹스를 성공보다 실패로 몰아갈지도 모른다는 우려가 커졌다. 따라서 총수요 확장으로 이력효과를 극복해 성장을 촉진하고자 한 고압경제 전략의 성공을 위해서도 공급능력과 인플레이션 문제에 대해 구조적인 대응이 필요하다는 목소리가 높아졌다. 바이든 정부도 '더 나은 재건'이라는 의제 아래 대규모 공공투자계획을 제시했고 그것이 공급능력을 확대하여 인플레 억제에도 도움이 될 것이라 주장했다. 그러나 인프라스트럭처 법안이 통과되긴 했지만, 기후위기 대응과 무상교육 등을 위한 야심찬 계획은 민주당 내 보수정치인의 반대에 직면해서 난항을 겪었고 그 규모도 크게 축소되었다.

그럼에도 진보세력이 공급측 정책을 강조하는 것은 주목할 만한 일이다.《뉴욕타임스》의 칼럼니스트 에즈라 클라인Ezra Klein에 따르면, 미국의 진보는 역사적으로 보편적 의료보험, 사회보장, 최저임금 등 주로 수요측에만 주목했고 공급이나 혁신에 관해서는 무관심했다. 그는 이를 "좌파의 경제적 실수"라 부르고 공급측 진보주의가 필요하다고 역설했다.[142] 실제로 미국에서 많은 소비재 상품들의 가격은 기술진보와 함께 하락해왔지만, 의료나 주택, 교육 부문 등은 생산성상승이 더디고 공급이 제한적이어서 비용이 계속 높아져왔다. 경제학자 보몰이 "비용질병"이라 부른 현상이다.

그에 따르면 새로운 진보는 이러한 서비스의 생산성을 높이고 비용을 낮추기 위해 노력해야 한다. 예를 들어 주택을 비싸게 만드는 용도지역 설정규제 등을 개혁하고 대규모 공공투자로 값싸고 친환경적인 에너지공급을 늘려야 한다. 또한 의약품 개발에 대한 정부지원과 함께 지적재산권 보호 축소 혹은 가격통제를 통해 의약품 가격을 인하해야 한다. 특히 주택과 에너지 그리고 의료비는 저소득층의 소비에서 차지하는 비중이 상대적으로 높기 때문에, 이 부문들의 가격하락은 소득분배를 개선하는 효과가 있다.

한편 최근의 경제학 연구들은 사회복지제도가 노동공급과 생산성상승을 촉진했다고 보고해 진보판 공급측 경제학을 지지해주었다.[143] 이에 따르면 1990년대 근로장려세제의 확대는 싱글맘의 고용을 크게 증가시켰고, 육아보조제도는 여성의 경제활동을 촉진했다. 또한 저소득층에 대한 식료품 구입비 지원제도는 장기적으로 노동자들의 건강과 인적자본에 도움이 되었다. 이를 고려하면 바이든 정부가 추진하고 있는 근로장려세제 확대와 조기아동교육, 자녀세금공제 정책은 노동공급을 늘리고 아동빈곤율을 줄이며 인적자본을 확충하는 데 도움이 될 수 있을 것이다.

따라서 옐런 재무장관은 미국의 새로운 정책지향은 진보적인 방식으로 노동공급을 확대하고 사회간접자본을 개선하여 생산성과 성장을 높이고 동시에 인플레 압력을 낮추는 현대적인 공급측 경제학이라고 강조했다.[144] 지지부진하던 바이든 정부의 공공투자 계획도 원안보다 크게 축소되기는 했지만, 인플레이션감축법이 2022년 8월 상원을 통과해 진전을 이루었다. 이 법은 기후위기에 대응해 신재생에너지 생산과 투자 그리고 전기차 구입에 대한 세금공제 등을 포함한 4330억 달러의 대규모 재정지출 계획을 제시했다. 또한 15퍼센트

최저법인세율 도입과 처방의약품 가격인하 등을 통해 7390억 달러의 재정수입을 증가시켜 인플레이션에 대응할 계획이다.

이제 바이든 정부는 미중갈등을 배경으로 한 반도체와 과학법 Chips and Sicence Act과 기후위기에 대응하는 인플레감축법Inflation Reduction Act 등으로 반도체와 신재생에너지 산업을 적극적으로 육성하기 위해 노력하고 있다. 미국의 경제정책 패러다임이 과거 자유시장과 세계화에 기초한 신자유주의적 컨센서스에서 국가의 적극적인 역할에 기초한 새로운 산업정책 추구로 변화한 것이다. 바이든 정부의 국가안보좌관 제이크 설리번Jake Sullivan의 2023년 4월 연설은 이러한 미국의 변화를 잘 보여준다. 그는 과거 감세나 무역자유화를 지지했던, 시장이 언제나 자본을 생산적이고 효율적으로 배분한다는 가정은 틀렸다고 역설한다.[145] 이러한 패러다임은 '새로운 워싱턴 컨센서스'라 불리고 있다.

미국과 마찬가지로 한국의 진보도 경제의 공급측에 대한 관심은 상대적으로 작았다. 보수정부가 감세와 규제완화에 기초한 시대착오적인 공급측 경제학에 매달리고 있는 현실에서 우리의 진보세력도 새로운 공급측 경제학을 깊이 고민해야 할 때다.

킹달러의 충격이 온다

#국제금융시장의 안정을 위해 국제적인 협조를 촉구할 때

2022년 9월 달러 환율이 1400원을 돌파했다. 하지만 원화가치만 떨어진 것이 아니었다. 연초 이후 9월 25일까지 엔화가 달러 대비 약 25퍼센트 하락했고 유로화가 약 17퍼센트 그리고 원화는 약 20퍼센트 하락했다. 주요 선진국 통화들과 비교한 달러가치 지수는 2021년 중반 이후 상승하기 시작했고, 2022년 들어 빠르게 높아져 20년 만에 최고를 기록했다. 이는 물론 치솟는 인플레에 대응해 연준이 급속하게 금리를 인상하고 있기 때문이었다.

이는 바야흐로 킹달러 시대의 도래를 의미하는 것일까? 심각한 문제는 달러가치의 급속한 상승이 세계경제에 큰 충격을 준다는 것이다. 먼저 각국의 통화가치가 하락하면 달러화로 결제되는 에너지와 식량 등 원자재를 수입하는 국가에서 수입가격이 높아져 인플레이션을 높이는 압력을 준다. 한국이나 일본도 그렇지만, 아프리카의 가난한 국가들에서는 식량가격 상승으로 굶주리는 이들이 늘어났다. 반대로 미국 소비자들은 수입품을 값싸게 소비할 수 있고 인플레 압력이 낮아지는 효과가 있다.

또한 각국이 미국을 따라 금리를 인상하면 경기가 둔화되고 이는 또한 수입을 둔화시켜 전세계적으로 무역과 경제정체의 악순환을 가져올 가능성이 크다. 에너지가격의 충격이 큰 유럽에서는 제조업 구매자관리지수가 연초 이후 10월까지 연속 하락해 불황의 우려가 높아졌고, 개도국의 경제 상황도 악화되었다. 즉 미국의 금리인상과 달러가치 상승이 인플레이션과 경기둔화를 해외로 수출하는 충격을 주었던 것이다. 한국도 예전에는 원화가치가 하락하면 수출이 증가했지만, 요즘은 중간재 수입이 증가했고 기업들이 해외로 생산시설을 많이 이전해 환율상승의 효과가 작아졌다.

특히 달러화 부채를 많이 진 국가들은 달러화가 상승하면 부채 부담이 커지고 대차대조표가 악화돼 큰 충격을 받을 수 있다는 것이 우려스러운 일이다. 2020년 현재 신흥경제국가의 대외부채는 약 60퍼센트가 달러화 표시 부채이고, 그 규모가 GDP의 약 20퍼센트에 달했다. 버클리대학교의 옵스펠드Maurice Obstfeld 교수의 최근 연구는 달러가치 상승이 세계적인 금융상황 악화와 밀접한 관련이 있고, 특히 신흥개도국 경제의 둔화와 교역조건 악화를 가져온다고 보고했다.[146] 그는 또한 최근 환율 안정을 위한 각국의 연쇄적인 금리인상과 통화가치 절상 노력이 마치 '죄수의 딜레마' 상황처럼 세계적 차원에서 물가상승과 경기둔화의 악순환을 낳을 수도 있다고 우려한다.

그렇다면 연준은 통화정책 결정 과정에서 세계경제에 미치는 충격과 그 책임을 고려해야 하겠지만, 현실은 별로 그렇지 않다. 1971년 미국 재무장관 존 코널리John Connally가 "달러는 우리 돈이지만 당신네 나라의 문제야"라고 말한 것처럼 미국의 통화정책은 다른 나라 사정을 고려하지 않기 때문이다.

따라서 각국이 달러가치 급등을 막고 환율을 안정시키기 위해 애쓰고 있지만 쉽지 않은 일이다. 일본은행은 2022년 9월 22일 24년 만에 처음으로 외환시장에 개입하여 엔화가치 급등을 막았다. 그러나 인플레이션이 낮은 일본은 여전히 금리를 인상하지 않고 있어서 강한 엔화 하락압력을 받아왔다. 한 헤지펀드는 일본은행이 결국 금리를 올리고 국채가격이 하락할 것에 베팅하기도 했다.

한국 정부도 같은 해 9월 15일 달러당 1400원 돌파를 막기 위해 외환시장에 개입했지만 결국 며칠 후 1400원도 뚫리고 말았다. "한국은행이 미국의 연준으로부터 독립적이지 않다"는 총재의 말처럼 원화가치 유지를 위한 금리인상에 대한 압박이 커졌다. 물론 가계부채가 높은 상황에서 금리인상의 악영향을 생각하면, 미국과 기준금리 격차가 나타난다 해도 국내경제를 고려해서 점진적으로 금리를 인상하는 편이 나을 것이다. 그러나 연말까지 계속 금리를 올리겠다는 연준의 단호한 계획 앞에서 한국은행은 환율과 국내경기 사이에서 어려운 선택에 직면했다.

이런 현실 앞에서 정부는 킹달러의 충격을 완화하기 위해 최대한의 노력을 기울여야 할 것이다. 과거와 달리 외환시장의 불안정 가능성이 크지는 않지만 미국과 통화스왑을 체결하기 위한 노력이나 인플레이션과 금리인상으로 인한 취약계층의 고통을 덜어주기 위해 적극적인 재정정책이 필요할 것이다. 나아가 달러의 과도한 상승을 막고 국제금융시장의 안정을 위해 국제적 협조를 촉구할 필요가 있다. 그러나 경제외교무대에서 대통령은 별다른 성과가 없고 국내적으로는 재정긴축에 몰두하고 있으니 이를 바라보는 국민들의 마음은 답답할 뿐이다.

불확실한 일본의 새로운 자본주의

#일본에서 임금인상과 새로운 자본주의가 실현될 수 있을까

"분배 없이는 성장도 없습니다."

2021년 10월 8일 기시다 총리가 취임 후 첫 연설에서 한 말이다. 그의 연설은 노동자와 하청기업에 대한 분배강화, 중산층 확대, 간호, 노양, 보육 노동자들의 임금인상을 강조했다. 그는 이미 2021년 9월 자민당 총재 선거에서 임금인상을 통해 성장의 과실이 공평하게 분배되는 새로운 자본주의를 간판정책으로 제시한 바 있다.[147]

실제로 일본의 총리관저는 2021년 10월 15일 성장과 분배의 선순환과 코로나 이후 새로운 사회개척을 위해 새로운 자본주의 실현본부를 설립하고 회의를 개최하고 있다. 이에 따르면 세계경제는 자유방임 자본주의에서 복지국가, 그리고 신자유주의로 변화해왔다. 새로운 자본주의는 기존의 시장중심적 자본주의가 가져온 불평등과 기

후위기 등의 문제를 해결하기 위해 시장과 국가가 함께 국민의 행복 실현을 위해 노력하는 체제다.[148]

이러한 변화는 아베노믹스에 대한 반성에 기초한 것이었다. 2013년 아베노믹스 도입 이후 경제성장은 약간 회복되었지만, 임금과 가계소득, 국내소비가 정체되었다. 아베노믹스 이후 9년 동안 6년이 실질임금이 마이너스 성장을 보여 놀랍게도 그 수준은 아베노믹스 이전보다 낮아졌다. 일본 정부도 1991년에서 2019년까지 1인당 실질임금이 미국은 41퍼센트, 독일과 프랑스는 34퍼센트 상승했지만, 일본은 고작 5퍼센트 상승에 그쳤다고 보고했다.

사정이 이러니 2021년 10월 실시된 일본의 총선에서 임금인상과 소득분배 개선이 중요한 정치적 의제가 되었던 것은 당연한 일이었다. 야당은 저소득층에 대한 지원과 소득세와 법인세 인상을 제시했고, 자민당도 노동소득분배율을 높이기 위해 임금을 인상하는 기업에 대해 세제 지원을 하겠다고 약속했다.

총선 승리 이후 기시다 총리는 새로운 자본주의 추진에 의욕을 보였다. 2021년 11월에는 긴급제언 문서를 통해 인적자본 확충에 기초한 성장 촉진과 성과의 분배를 강조했고, 12월에는 중소하청기업이 노동비용이나 원자재 비용의 상승을 원청기업에 전가할 수 있도록 정부가 지원과 감독을 하겠다고 천명했다. 2022년 6월에는 사람에 대한 투자와 분배, 과학기술과 혁신, 스타트업 육성, 디지털과 그린 전환에 집중적으로 투자하겠다는 실행계획을 발표했다.

물론 새로운 자본주의를 아베노믹스와 단절이라고 보기는 어렵다. 기시다 정부도 아베노믹스의 기조를 유지하고 있고 아베 정부도 아베노믹스 2단계인 일억총활약계획에서 성장과 분배의 선순환을 강조했기 때문이다. 이는 각국이 지속가능한 성장을 위해 포용적 성장을 추진하고 있는 세계적인 흐름과도 궤를 같이 하는 것이다. 팬데믹 시기에도 선진 각국은 시민들의 소득과 일자리를 지키기 위해 적극적으로 재정을 확장했고, 일본 정부도 이러한 흐름을 따랐던 것이다.

　그러나 한계도 작지 않다. 기시다는 금융소득세율이 근로소득세율에 비해 훨씬 낮아 연수입 1억 엔이 넘으면 소득세 부담이 오히려 하락하는, 소위 '1억 엔의 벽' 문제를 깨기 위해 금융소득세율 인상을 제시했다. 그러나 결국 주가 급락을 배경으로 이를 철회했다. 새로운 자본주의 실행계획도 분배보다 성장에 치우쳤다는 지적을 받았다. 그럼에도 이러한 정책방향이 오랫동안 침체된 민간투자를 촉진할 수 있을지는 의문이 제기되고 있다. 또한 아베파의 반발을 배경으로 2022년 6월 발표된 '경제재정운영과 개혁의 기본방침'에서는 2025년까지 기초재정수지를 흑자로 전환하겠다는 목표도 삭제되어 재정건전화 의지도 후퇴했다.

　새로운 자본주의의 앞날은 불확실한데 정작 일본경제와 시민들은 이제 엔저와 인플레이션이라는 시련에 직면했다. 2022년 미국은 급속히 금리를 올렸지만, 일본은행은 여전히 마이너스 기준금리와 장기국채금리를 통제하는 통화정책을 유지했기 때문이다. 일본은행은 미국과 정반대로 인플레가 확산되어 임금인상, 그리고 경기회복으로 이어지는 물가-임금상승의 선순환을 기대해왔다. 그러나 임금상승은 더딘 반면 급속한 엔화 가치 하락은 수입물가 상승을 낳아 일본 가정의 생활비 부담이 연간 약 8만 엔 높아질 것으로 전망되고 있다.

2022년 말 이후에는 엔저의 충격을 배경으로 먼저 물가가 상승하자 이를 배경으로 임금인상을 추진하는 목소리가 더욱 커지고 있다. 1월에는 유니클로의 모회사인 패스트리테일링이 임금을 40퍼센트 인상하는 등 대기업의 임금인상이 이어지고 있다. 또한 춘투에서 대기업들과 노동조합은 임금을 30년 만에 최고인 평균 3.6퍼센트 올리기로 합의했다. 그러나 임금인상 여력이 제한적인 중소기업의 임금 상승은 지지부진하여 2022년 4월부터 전년 대비 실질임금상승률이 15개월째 마이너스를 기록하고 있다.

오랫동안 정체되었고 사회적 합의가 중요한 일본에서 과연 임금 상승과 분배 개선, 자본주의의 변화가 나타날 수 있을까? 정부의 기대와 달리 정치적 압력 없이는 현실에서 임금인상이 쉽지 않을 것이다. 노동조합과 시민사회, 그리고 무엇보다 정치의 변화 없이는 일본에서 새로운 자본주의는 말뿐이며 별로 새롭지 않은 결과를 낳을지도 모른다.

인공지능과 일자리의 미래

#인공지능 기술발전이 공동의 번영으로 이어지려면

2022년 말 ChatGPT가 공개되자 똑똑한 기계가 일자리를 없애버릴 것이라는 목소리가 다시 커졌다. 생성형 인공지능은 대화를 척척 하고 그림도 그려주고 음악도 동영상도 만들어서 놀라움을 주고 있다. 이제 여러 화이트칼라 노동자들이 ChatGPT를 업무에 이용하고 있고, 미국의 한 여론조사에 따르면 62퍼센트의 구직자들이 인공지능이 자신의 경력을 위협할 것이라 우려한다. 과연 인공지능의 발전은 노동시장에 어떤 충격을 가져다줄 것인가?

옥스퍼드대학교의 프레이와 오스본 교수의 연구 이후, 이미 여러 연구가 로봇 등 자동화 기술에 의해 노동자가 대체될 위험이 크다고 보고해왔다.[149] 실제로 산업용 로봇 대수는 2011년 약 100만에서 2021년 350만 대로 증가했고 다양한 산업들에서 확산되었다. 서울에서는 로봇이 치킨을 만드는 체인점이 등장했고, 일본의 많은 식당에서는 로봇이 음식을 가져다준다. 그러나 자동화가 대량실업을 가져올 것이라는 우려는 현실이 되지 않았다. 한 일자리가 다양한 직무들로 구성되어 있고 자동화되기 어려운 직무들을 고려하면 자동화 위험성이 낮기 때문이다.[150] 또한 자동화와 실업은 순수하게 기술적 문제만은 아니며 이윤동기 등 다양한 요인들에 영향을 받는다는 것을 고려해야 한다.

역사적으로도 기술혁신은 일부 노동자를 대체했지만 새로운 일자리를 계속 만들어내 대량실업은 우려에 그쳤다. 과거 은행의 ATM기기가 보급되면 은행원 일자리가 줄어들 것이라는 우려가 컸지만, 생산성을 높여 오히려 은행원들은 늘어났다. 팬데믹 이후 자동화가 가속될 것이라는 우려에도 불구하고 현재 선진국 노동시장은 수십 년 만에 실업률이 가장 낮은 상황이다.

하지만 인공지능의 능력을 생각하면 이번에는 정말 다르다는 목소리도 제기된다. 주로 명확하게 정의되는 정형화된 루틴노동을 대체했던 과거의 로봇과 달리 인공지능은 암묵적이고 복잡한 비정형 노동을 대체할 수 있다는 것이다. 따라서 브리뇰프슨이나 서스킨드 Leonard Susskind 같은 학자들의 주장처럼 앞으로 인공지능이 가져올 충격은 매우 클 수 있다. 백악관 경제자문회의가 2022년 12월 펴낸 보고서도 인공지능은 비루틴노동을 대규모로 대체해 여러 화이트칼라 노동을 위협할 수 있다고 지적한다.[151]

실제로 작문을 사례로 한 MIT 연구자들의 실험연구는 ChatGPT의 사용이 노동시간을 단축하고 작업능률을 높였다고 보고한다.[152] 인공지능을 사용해서 프로그램을 코딩하는 생산성이 크게 높아졌다는 보고도 있다. 그러나 인공지능이 일부 화이트칼라 직업에는 큰 영향을 미치겠지만 산업과 경제 전반에 영향을 미치는 데는 시간이 걸릴 것이다. 과거 전기나 정보통신기술도 기업들의 보완적 투자와 생산방식 변화가 필요해서 경제 전체의 생산성을 높이는 데는 상당한 시간이 걸렸다.

한편 자동화와 생산성상승을 배경으로 새로운 일자리들이 만들어질 가능성도 크다. 기술과 노동시장 변화를 오랫동안 연구해온 오터 교수에 따르면, 2018년 미국에 존재하는 일자리 중 60퍼센트는 1940년에는 존재하지 않았다.[153] 이미 ChatGPT가 더 정확한 답을 하도록 하는 프롬프트엔지니어와 같은 새로운 직업도 등장하고 있다. 물론 인공지능이 대량실업을 가져오지 않는다 해도 자동화에 관한 실증연구들이 보고하듯 노동소득의 몫을 감소시키고 불평등을 심화시킬 가능성은 우려해야 할 것이다.

그렇다면 역시 중요한 것은 '인공지능의 발전에 어떻게 대응할 것인가'다. 개인적으로는 인공지능을 활용해서 일하는 능력을 기르고 사회적으로는 인공지능으로 인한 폐해를 최소화하고 모두에게 도움이 되는 방식으로 발전시키는 노력이 필요하다. 아세모글루 교수의 지적대로 인공지능은 경쟁을 억제하고 소비자선택을 제한하며 과도한 자동화를 가져와 임금상승을 억제하고 불평등을 심화시키는 등의 문제를 야기할 수 있다.[154] 백악관 보고서도 정부는 혁신을 촉진하면서도 동시에 노동자를 보호하기 위한 노력이 필요하다고 강조한다. 이 보고는 훈련과 직업이동서비스에 대한 투자, 노동자를 대체하기보다 보완하는 인공지능 발전을 촉진하는 공공투자, 그리고 인공지능을 사용하는 플랫폼에 대한 효과적인 규제 등을 과제로 제시한다.

결국 지금은 인공지능의 충격을 과도하게 우려하기보다는 진지한 대응과 제도의 변화를 모색하는 자세가 필요한 시점이다. 오터 교수의 말처럼 인공지능과 일자리의 미래는 불확실하지만, 우리의 목표는 단지 미래를 예측하는 것이 아니라 그것을 만들어내는 것이기 때문이다.[155]

감사의 글

먼저 오랫동안 저의 글을 읽어주신《한겨레》와《시사IN》, 그리고 《주간경향》독자분들에게 감사드린다. 돌이켜보면 2009년 말부터 한국 언론에 글을 쓰기 시작했는데 독자들의 성원이 없었다면 계속 쓰지 못했을 것이다. 그리고 글을 모아 이렇게 책으로 내주신 책세상 출판사의 모든 분과 특히 서소연 편집자님께 감사드린다. 졸고에 흔 쾌히 추천사를 써주신 이정우 교수님, 김현철 교수님, 장하준 교수님, 그리고 우석진 교수님께도 깊은 감사의 말씀을 드린다. 마지막으로 사랑하는 가족, 지영과 윤재, 제인에게 고마운 마음을 전한다.

참고문헌

1 Haidt, J.(2012), *The Righteous Mind: Why Good People Are Divided by Politics and Religion*, Pantheon Books; 한국어판《바른 마음》(2014), 왕수민 옮김, 웅진지식하우스.

2 문정주, 최율(2019), 〈배제의 법칙으로서의 입시제도: 사회적 계층 수준에 따른 대학교 입시제도 인식 분석〉,《한국사회학》, 제53권 제3호.

3 Almond, D. and Currie, J.(2011), Killing Me Softly: The Fetal Origins of Hypothesis, *Journal of Economic Perspectives*, 25(3).

4 Mani, A. et al.(2013), Poverty Impedes Cognitive Function, *Science*, Vol. 341.

5 김유선(2023), 〈국세청 천분위 소득자료 분석(2012-21년)〉,《KLSI 이슈페이퍼》, 184호.

6 이강국(2020), 일본의 고령화와 정년 연장: 한국에 주는 시사점, 서울사회경제연구소 편,《한국경제빅이슈》, 생각의힘.

7 한국노동연구원(2015), 〈임금 및 생산성 국제비교 연구〉, 고용노동부.

8 Thebault, R. et al.(2020), The coronavirus is infecting and killing black Americans at an alarmingly high rate, *Washington Post*, 2020/4/7.

9 Furceri, D. et al.(2021), Will COVID-19 Have Long-Lasting Effects on Inequality? Evidence from Past Pandemics, IMF Working Paper, WP/21/27.

10 Diamond, P. and Saez, E.(2011), The Case for a Progressive Tax: From Basic Research to Policy Recommendations. *Journal of Economic Perpectives*, 25(4).

11 안종석(2016), 〈소득수준별 세부담 평가와 발전방향〉, 한국조세재정연구원.

12 Hope, D. and Limberg, J.(2022), The economic consequences of major tax cuts for the rich, *Socio-Economic Review*, 20(2).

13 Piketty, T., Saez, E. and Stantcheva, S.(2014), Optimal Taxation of Top Labor Income: A Tale of Three Elasticities, *American Economic Journal: Economic Policy*, 6(1).

14 권성오, 권성준(2020), 〈소득세의 효율비용에 관한 연구〉, 한국조세재정연구원.

15 Almond, D. et al.(2018), Childhood Circumstances and Adult Outcomes: Act II., *Journal of Economic Literature*, 56(4).

16 Gu, Youyang(2021), Highlighting Role of Inequality in Covid and Beyond, https://youyanggu.com/blog/highlighting-inequality

17 Why have some places suffered more covid-19 deaths than others?, *The Economist*, 2021/7/31.

18 Blanchard, O. and Rodrik, D. eds.(2021), *Combating Inequality: Rethinking Government's Role*, The MIT Press.

19 Brainard, L.(2022), Variation in the Inflation Experiences of Household, At the Spring 2022 Institute Research Conference, Opportunity and Inclusive Growth Institute, Federal Reserve Bank of Minneapolis, Minneapolis, Minnesota.

20 Jaravel, X.(2021), Inflation Inequality: Measurement, Causes and Policy Implications, *Annual Review of Economics*, 13.

21 Anderson A. et al.(2023), Monetary Policy and Inequality, *Journal of Finance*, accepted.

22 김대일, 이정민(2019), 〈2018년 최저임금 인상의 고용효과〉, 《경제학연구》, 제67권 제4호.

23 황선웅(2019), 〈2018년 최저임금 인상이 고용감소를 초래했는가?: 비판적 재검토〉, 《경제발전연구》, 제25권 제2호.

24 황선웅(2019), 〈2018년 최저임금 인상이 가계소득 분포에 미친 영향〉, 한국노동연구원, 2019년 한국노동패널 학술대회.

25 Kopp, E. et al.(2019), U.S. Investment Since the Tax Cuts and Jobs Act of 2017, IMF Working Paper, WP/19/119.

26 남창우(2015), 〈세제 변화가 기업의 투자 및 배당 결정에 미치는 영향〉, 《KDI 정책연구시리즈》, 2015-20.

27 김동훈(2015), 〈법인세가 기업투자와 고용에 미치는 영향분석〉, 《산업경제연구》, 제28권 제4호.

28 Gechert, S. and Heimberger, P.(2022), Do corporate tax cuts boost economic growth?, *European Economic Review*, 47(C).

29 Nallareddy, S. et al.(2022), Do Corporate Tax Cuts Increase Income Inequality?, *Tax Policy and the Economy*, 36.

30 국회예산정책처(2022), 2022년 세법개정안 분석.

31 Bachas, P. et al.(2022), Globalization and Factor Income Taxation, Policy Research Working Paper, 9973, World Bank.

32 Portner, H-O. et al.(2022), Climate Change 2022: Impacts, Adaptation and Vulnerability: Working Group II Contribution to the Sixth Assessment Report of the Intergovernmental Panel on Climate Change, IPCC.

33 Carleton, T. A. et al.(2022), Valuing the Global Mortality Consequences of Climate Change: Accounting for Adaptation Costs and Benefits, *Quarterly Journal of economics*, 137(4).

34 Isam, S. N. and Winkel, J.(2017), Climate Change and Social Inequality, DESA Working Paper, No. 152.

35 Chancel, L.(2021), Climate Change and the Global Inequality of Carbon Emissions 1990-2020, World Inequality Lab.

36 Foroohar, R.(2022), 'Wage inflation? What wage inflation?' ask workers, *Financial Times*, 2022/5/12.

37 Boissay, F. et al.(2022), Are Major Advanced Economies on the Verge of a Wage-Price Spiral?, BIS Bulletin, No. 53.

38 Alvarez, J. et al.(2022), Wage-Price Spirals: What is the Historical Evidence?, IMF Working Paper, WP/22/221.

39 Powell, J. H.(2022), Inflation and the Labor Market, Brookings Institution, Washington, D.C.

40 김지범 외(2021), 한국종합사회조사 2003-2021, 성균관대학교 동아시아학술원 서베이리서치센터.

41 https://www.worldvaluessurvey.org/wvs.jsp

42 이태진 외(2022), 사회통합 실태 진단 및 대응방안 연구(IX)-포스트코로나 시대의 사회통합 제고를 위한 정책방향, 한국보건사회연구원.

43 Ipsos(2021), Culture wars around the world: how countries perceive divisions.

44 Louis, S.(1940), Does Machine Displace Men in the Long Run?, *New York Times*, 1940/2/25.

45 Brestrup, P.(1962), President Ranks Automation First as Job Challenge, *New York Times*, 1962/2/15.

46 Frey, C. B. and Osborne, M. A.(2013), The Future of Employment: How Susceptible Are Jobs to Computerization, Oxford Martin School Working Paper.

47 Arntz, M. et al.(2016), The risk of automation for jobs in OECD countries, OECD Social Employment and Migration Working Papers, NO. 189.

48 Acemoglu, D. et al.(2022), AI and Jobs: Evidence from Online Vacancies, *Journal of Labor Economics*, 40(S1).

49 Hatzius, J. et al.(2023), The Potentially Large Effects of Artificial Intelligence on Economic Growth, Global Economics Analyst, Goldman Sachs.

50 Acemoglu, D. and Restrepo, P.(2022), Tasks, Automation, and the Rise in U.S., Wage Inequality, *Econometrica*, 90(5).

51 Autor, D.(2022), The Labor Market Impacts of Technological Change: From Unbridled Enthusiasm to Qualified Optimism to Vast Uncertainty, NBER Working Paper, 30074.

52 Acemoglu, D. and Johnson, S.(2023), *Power and Progress: Our Thousand-Year Struggle Over Technology and Prosperity*, Public Affairs; 한국어판《권력과 진보》 (2023), 김승진 옮김, 생각의힘.

53 이강국(2019), 〈불평등과 경제발전〉,《경제발전연구》, 제25권 제4호.

54 Aghion, P. et al.(1999), Inequality and Economic Growth: The Perspective of the New Growth Theories, *Journal of Economic Literature*, XXXVII.

55 Acemoglu, D. and Robinson, J. A.(2012), *Why Nations Fail: The Origins of Power, Prosperity, and Poverty*, Currency; 한국어판《국가는 왜 실패하는가》(2012), 최완규 옮김, 시공사.

56 Cohn, A. et al.(2015), Fair Wages and Effort Provision: Combining Evidence from a Choice Experiment and a Field Experiment, *Management Science*, 61(8).

57 Berg, A. et al.(2018), Redistribution, inequality, and growth: new evidence, *Journal of Economic Growth*, 23(3).

58 Bell, A. et al.(2019), Who Becomes an Inventor in America? The Importance of Exposure to Innovation, *Quarterly Journal of Economics*, 134(2).

59 이강국(2019), ibid.

60 홍장표(2014), 〈한국의 노동소득분배율이 총수요에 미치는 영향: 임금주도 성장 모델의 적용 가능성〉,《사회경제평론》, 제43호.

61 이강국(2017), 〈소득주도성장: 이론, 실증, 그리고 한국의 논쟁〉,《재정학연구》, 제10권 제4호.

62 소득주도성장특위(2018), 함께 잘 사는 대한민국: 소득주도성장 바로 알기.

63 IMF-G20(2017), Fostering Inclusive Growth, G-20 Leaders' Summit.

64 Berg, A. et al.(2018), ibid.

65 Cerra, V. et al.(2020), Hysteresis and Business Cycles, IMF Working Paper, WP/20/73.

66 Krugman, P.(2012), *End This Depression Now!*, W.W. Norton and Co Inc.

67 Blanchard, O.(2019), Public Debt and Low Interest Rates, *American Economic Review*, 109(4).

68 이강국(2021), '소득주도성장은 빈곤 문제를 얼마나 개선했는가', 강양구 외 엮음,《한국의 논점》, 북바이북.

69 김민식 외(2020),〈포스트 코로나 시대 인구구조 변화 여건 점검〉,《BOK 이슈노트》, 제2020-17호.

70 오지혜(2020),〈부모의 사회경제적 자원이 자녀의 결혼이행에 미치는 영향: 한국노동패널 1998~2016년 자료를 중심으로〉,《보건사회연구》, 제40권 제4호.

71 IMF Fiscal Affairs Department, Fiscal Monitor Database of Country Fiscal Measures in Response to the COVID-19 Pandemic, 2021/10.

72 Silver, L. et al.(2021), What Makes Life Meaningful? Views from 17 Advanced Countries, Pew Research Center.

73 Kim, S. and Choi, W.(2022), Financial Crisis Haunts Korea as It Confronts a Credit Meltdown, *Bloomberg*, 2022/10/29.

74 The world economy: Regime Change, *The Economist*, 2022/10/8.

75 Foroohar, R.(2022), *Homecoming: The Path to Prosperity in a Post-Global World*, Crown.

76 Glass, J. et al.(2016), Parenthood and Happiness: Effects of Work-Family Reconciliation Policies in 22 OECD Countries, *American Journal of Sociology*, 122(3).

77 Deopke, M. et al.(2022), The Economics of Fertility: A New Era, NBER Working Paper 29948.

78 이강구, 허준영(2017),〈한국의 재정승수 연구〉,《경제분석》, 제23권 제1호.

79 Saad, L.(2019), Socialism as Popular as Capitalism Among Young Adults in U.S., Gallup.

80 The next capitalist revolution, *The Economist*, 2018/11/15.

81 Tepper, J. and Hearn, D.(2018), *The Myth of Capitalism: Monopoly and the Death* *of Competition*, Wiley.

82 Grullon, G. et al.(2019), Are US Industries Becoming More Concentrated?, *Review of Finance*, 23(4)

83 Autor, D. et al.(2020), The Fall of Labor Share and the Rise of Superstar Firms. *Quarterly Journal of Economics*, 135(2).

84 The Committee for the Prize in Economic Science in Memory of Alfred Nobe(2019), Understanding Development and Poverty Alleviation.

85 IMF(2020), Global Financial Stability Report: Markets in the Time of the COVID-19.

86 Mian, A. R. et al.(2020), The Saving Glut of the Rich, NBER Working Paper 26941.

87 Reinhart, C. M. and Rogoff, K. S.(2010), Growth in a Time of Debt, *American Economic Review: Papers & Proceedings*, 100(2).

88 Herndon, T. et al.(2014), Does high public debt consistently stifle economic growth? A critique of Reinhart and Rogoff, *Cambridge Journal of Economics*, 38(2).

89 IMF(2012), World Economic Outlook, October 2012: Coping with High Debt and Sluggish Growth.

90 IMF(2020), Fiscal Monitor: Policies for the Recovery.

91 Jorda, O. et al.(2020), Longer-Run Economic Consequences of Pandemic, Federal Reserve Bank of San Francisco Working Paper 2020-09.

92 원종학 외(2020), 〈일본의 재정정책과 재정의 지속가능성: 2010년 이후의 동향과 전망〉, 한국조세재정연구원.

93 Blanchard, O. and Tashiro, T.(2019), Fiscal Policy Options for Japan, PIIE Policy Brief 19-7.

94 Summers, L.(2021), The Biden stimulus is admirably ambitious. But it brings some big risks, too., Washington Post, 2021/2/4.

95 Yellen, J.(2016), Macroeconomic Research After the Crisis, At "The Elusive 'Great' Recovery: Causes and Implications for Future Business Cycle Dynamics"60th annual economic conference sponsored by the Federal Reserve Bank of Boston, Boston, Massachusetts.

96 Krugman, P.(2021), Fighting Covid Is Like Fighting a War, *New York Times*,

2021/2/7.

97 Krugman, P.(2022), I Was Wrong About Inflation, *New York Times*, 2022/7/21.

98 Brainard, L.(2022), What Can We Learn from the Pandemic and the War about Supply Shocks, Inflation, and Monetary Policy?, 21st BIS Annual Conference Central Banking after the Pandemic: Challenges Ahead, BIS.

99 Bernanke, B. and Blanchard, O.(2023), What Caused the U.S. Pandemic-Era Inflation?, Hutchins Center Working Paper, #86, Brookings Institution.

100 Blanchard, O. et al.(2022), Bad News for the Fed from the Beveridge Space, Peterson Institute for International Economics Policy Brief 22-7.

101 Krugman, P.(2023), Working Out: In Economics, A Game of Teams, *New York Times*, 2023/7/14.

102 Alvarez, J. et al.(2022), ibid.

103 Coibion, O. et al.(2017), Innocent Bystanders? Monetary policy and inequality, *Journal of Monetary Economics*, 88(C).

104 Bank of International Settlements(2021), The distributional footprint of monetary policy, BIS Annual Economic Report.

105 Amberg, N. et al.(2022), Five Facts about the Distributional Income Effects of Monetary Policy Shocks, *American Economic Review: Insights*, 4(3).

106 Anderson A. et al.(2023), ibid..

107 박종욱(2018), 〈통화정책과 소득불평등〉, 《BOK 경제연구》, 제2018-27호.

108 De Loecker, J., Eeckhout, J. and Unger, G.(2020), The Rise of Market Power and the Macroeconomic Implications, *Quarterly Journal of Economics*, 135(2).

109 Covarrubias, M. et al.(2020), From Good to Bad Concentration? US Industries over the Past 30 Years, *NBER Macroeconomics Annual*, 34(1).

110 Aghion, P. et al.(2021), *The Power of Creative Destruction: Economic Upheaval and the Wealth of Nations*, Belknap Press.

111 Caldwell, S. and Naidu, S.(2020), Wage and employment implications of U.S. labor market monopsony and possible policy solutions, Washington Center for Equitable Growth.

112 De Loecker, J. and Eeckout, J.(2018), Global Market Power, NBER Working Paper, 24768.

113 Summers, L.(2020), Interview with Bloomberg 2020/10/17.

114 Furman, J.(2016), The New View of Fiscal Policy and ITs Application, Conference: Global Implications of Europe's Redesign.

115 Cerra, V. et al.(2020), ibid.

116 Berg, A. et al.(2018), ibid.

117 Ostry, J. D. et al.(2015), When should public debt be reduced?, IMF Staff Discussion Note, SDN/15/10.

118 Blanchard, O.(2019), ibid.

119 Furman, J. and Summers, L.(2020), A Reconsideration of Fiscal Policy in the Era of Low Interest Rates, Discussion Draft for "Fiscal Policy Advice for Joe Biden and Congress", Brookings Institution.

120 Boissay, F. et al.(2022), Are major advanced economies on the verge of a wage–price spiral?, BIS Bulletin, No. 53.

121 Ratner, D. and Sim, J.(2022), Who killed the Philips Curve? A murder mystery, FEDS, 028, Board of Governors of the Federal Reserve System.

122 Bivens, J.(2022), Corporate profits have contributed to disproportionately to inflation, How should policymakers respond?, Working Economics Blog, Economic Policy Institute.

123 Powell, J. H.(2022), Monetary Policy and Price Stability, At "Reassessing Constraints on the Economy and Policy," an economic policy symposium sponsored by the Federal Reserve Bank of Kansas City, Jackson Hole.

124 Blanchflower, D. G. et al.(2022), The Wage Curve After the Great Recession, NBER Working Paper 30322.

125 Weber, I.(2023), Sellers' inflation, profits and conflict: why can large firms hike prices in an emergency? *Review of Keynesian Economics*, 11(2).

126 Brainard, L.(2023), Staying the Course to Bring Inflation Down, Remarks at University of Chicago Booth School of Business.

127 Donovan, P.(2013), What is profit–led inflation?, UBS.

128 Hansen, N–J. et al.(2023), Euro Area Inflation after the Pandemic and Energy Shock: Import Prices, Profits and Wages, International Monetary Fund Working Paper, WP/23/131/.

129 Glover, A.(2023), Corporate Profits Contributed a Lot to Inflation in 2021 but Little in 2022—A Pattern Seen in Past Economic Recoveries, kcFED Economic

Bulletin, Federal Reserve Bank of Kansas City.

130 한국노동연구원(2015), ibid.

131 首相官邸(2016), ニッポン一億総活躍プラン(案).

132 Burck, J. et al.(2022), Climate Change Performance Index 2023, New Climate Institute and CAN.

133 Acemoglu, D. and Restrepo, P.(2017), Secular Stagnation? The Effect of Aging on Economic Growth in the Age of Automation, *American Economic Review: Papers and Proceedings*, 107(5).

134 Eggertson, G. B. et al.(2019), Aging, Output per Capita, and Secular Stagnation, *American Economic Review: Insights*, 1(3).

135 Autor, D. et al.(2020), Importing Political Polarization? The Electoral Consequences of Rising Trade Exposure, *American Economic Review*, 110(10).

136 原田 泰(2021), なぜ 日本は韓国よりも貧しくなったのか, Wedge Online, 2021/4/10.

137 www.oecdbetterlifeindex.org

138 Helliwell, J. F. et al.(2022), World Happiness Report 2022.

139 Brynjolfsson, E. et al.(2020), The productivity J-curve: How intangibles complement general purpose technologies, NBER Working Paper 25148.

140 Bloom, N. et al.(2020), Are Ideas Getting Harder to Find? *American Economic Review*, 110(4).

141 Goldman Sachs(2022), Strengthening Supply chain resilience: Reshoring, Diversification, and Inventory Overstocking, US Economics Analyst, 2022/3/27.

142 Klein, E.(2021), The Economic Mistake the Left Is Finally Confronting, *New York Times*, 2021/9/19.

143 Meyer, B. D. and Rosenbaum, D. T.(2001), Welfare, the Earned Income Tax Credit, and the Labor Supply of Single Mothers, *Quarterly Journal of Economics* 116(3).

144 Yellen, J.(2022), Remarks by Secretary of the Treasury Janet L. Yellen at the 2022 'Virtual Davos Agenda' Hosted by the World Economic Forum, 2022/1/21.

145 Sullivan, J.(2023), The Biden Administration's Inernational Economic Agenda, Brookings Institution.

146 Obstfeld, M. and Zhou, H.(2022). The Global Dollar Cycle. Brookings Papers on Economic Activity Conference draft.

147 이강국(2022), 기시다 정부의 새로운 자본주의, 일본전략보고서 제39호.

148 新しい資本主義実現会議(2022), 新しい資本主義のグランドデザイン及び実行計画(案): 人・技術・スタートアップへの投資の実現.

149 Frey C. B. and Osborne, M. A.(2023), ibld.

150 Nedelkoska, L. and Quintini, G.(2018), Automation, Skills Use and Training. OECD Social, Employment and Migration Working Paper, No. 202.

151 Council of Economic Advisors(2023), The Impact of Artificial Intelligence on the Future of Workforces in the European Union and the United States of America, The White Hous.

152 Noy, S. and Zhang, W.(2023), Experimental Evidence on the Productivity Effect of Generative Artificial Intelligence. mimeo.

153 Autor, D. et al.(2022), New Frontiers: The Origin and Content of New Work, 1940–2018, NBER Working Paper 0389.

154 Acemgolu, D.(2021), Harms of AI, NBER Working Paper 29247.

155 Autor, D.(2022). ibid.